Die Weisheit der erwachten Seele

Rajinder Singh

Die Weisheit der erwachten Seele

Durch Meditation die unbegrenzte Kraft der Seele entdecken

Urania Verlags AG

Die Bibelzitate wurden nach der Lutherbibel und der Fassung der Württembergischen Bibelanstalt Stuttgart in der Ausgabe von 1976 wiedergegeben.

1. Auflage 1999

ISBN 3-908653-03-7

Umschlag: Gerd Aumann, Kreativ Design, D-65207 Wiesbaden
Satz: GBS, CH-3250 Lyss
Druck: Clausen & Bosse, D-25917 Leck
Printed in Germany

Eine Vorbemerkung zur Übersetzung

Der amerikanisch-englische Titel des Buches – «Empowering Your Soul Through Meditation» – läßt sich nicht genau ins Deutsche übersetzen. Das Wort «empower» bedeutet soviel wie «die eigene innere Stärke entdecken und aus dieser Kraft leben». Im deutschen Text wird dieser vielschichtige Begriff, wenn er im Zusammenhang mit dem Wort Seele auftaucht – zum Beispiel als «the empowered soul» –, meist als «die erwachte Seele» oder «die erweckte Seele» übertragen.

In der englischen Sprache gibt es den Begriff «Eltern» nicht nur als Mehrzahl «parents», sondern auch als Einzahl, «parent». Eine genaue Übertragung von «parent» würde «Elternteil» heißen. Wenn jedoch von Gott als «parent» die Rede ist, vermittelt der deutsche Begriff «Elternteil» nicht die Ganzheit, die gemeint ist. Deshalb ist, zum Beispiel in der Übung im 2. Kapitel, das gebräuchliche Wort «Vater» zu finden, das jedoch bitte keinesfalls als geschlechtsspezifisch aufgefaßt werden sollte.

Der Autor schreibt häufig von «tapping into the soul». Das hieße wörtlich: «die Seele anzapfen». Das Bild ist im Englischen sehr deutlich, im Deutschen klänge das Wort «anzapfen» in diesem Zusammenhang jedoch nicht ganz glücklich. Der Begriff «tap into the soul» wurde deshalb meist mit «sich mit der Seele verbinden», bisweilen auch mit «in die Seele eintauchen» übertragen.

Noch ein kurzer Hinweis: Wenn Mystiker vom Herzen sprechen, ist nicht das physische Herz gemeint, sondern die Seele. So zum Beispiel in der Geschichte über den Ort, an dem sich Gott aufhält, im 2. Kapitel.

Zu guter Letzt: Im Englischen sind Personenbezeichnungen meistens nicht geschlechtsspezifisch, im Deutschen jedoch sehr wohl. Die Übersetzung verwendet die gebräuchliche männliche Sprachform, um die Lesbarkeit zu erleichtern. Wie bitten die Leserinnen um freundliches Verständnis.

Inhaltsverzeichnis

Einleitung

Bei meinen Reisen um die ganze Welt stelle ich fest, daß das dringendste Bedürfnis der Menschen darin besteht, mit ihrer Seele und ihren eigenen spirituellen Dimensionen in Verbindung zu gelangen. Dieses Buch, *Die Weisheit der erwachten Seele*, wurde für all jene Menschen geschrieben, die das unbegrenzte Potential der Seele erkunden möchten. Das Buch ist so angelegt, daß es den Lesern hilft, die Kraft und Energie der Seele zu erforschen, welche in allen von uns latent vorhanden ist, und diese Kraft und Energie zu nutzen, um unser Leben zu bereichern und zu transformieren. Es soll die Leser für die Stärke der erwachten Seele erwecken und für ihre kostbaren Eigenschaften der unbegrenzten Weisheit, der Furchtlosigkeit, der Unsterblichkeit, der bedingungslosen Liebe, der Glückseligkeit und der Verbundenheit mit allem Leben.

Was sind die Blockaden, die uns daran hindern, unsere inneren Gaben zu nutzen? Das Buch bietet einfache Methoden an, um die Schätze unserer Seele zu aktivieren, damit die Leser selbst ihr eigenes Potential entdecken können. Wenn wir erst einmal diese inneren Quellen erschließen, können wir eine tiefgreifende Transformation erfahren, die alle Gebiete unseres Lebens bereichern wird – von persönlichen Beziehungen zur körperlichen, mentalen und emotionalen Gesundheit, von der Arbeit zu unserem spirituellen Wachstum und zur Erfüllung unserer Lebensziele. Es ist meine Hoffnung, daß diese Transformation Frieden und Freude in unser Leben bringt und zu einer friedvolleren, liebevollen Welt beitragen kann.

Die Weisheit der erwachten Seele lege ich in Demut und in der Hoffnung vor, daß dieses einfache Handbuch und dieser Leitfaden Lesern helfen wird, die Seele zu erforschen und ihre unendlichen Möglichkeiten zu verwirklichen.

Rajinder Singh, 6. Februar 1999

Teil I

Qualitäten der erwachten Seele

1. Qualitäten der erwachten Seele

In uns befinden sich Reichtümer, die großartiger als alles sind, was wir in dieser Welt jemals anhäufen können. Wir haben eine Quelle der Weisheit in uns, aus der alles Wissen fließt. Eine Liebe wartet im Inneren, uns mit offenen Armen zu empfangen, die bei weitem größer und erfüllender ist als jegliche andere Liebe der äußeren Welt. In unserem innersten Wesen tragen wir eine Stärke und Kraft, mit der wir alle Furcht überwinden können. Unterhalb unserer Getrenntheit als Individuen besteht eine Verbundenheit und Einheit mit allem Leben. Auf uns wartet innen eine Glückseligkeit und Freude, die so erfüllend ist, daß wir keine anderen berauschenden Mittel brauchen, um glücklich zu sein. All diese Geschenke liegen in uns, in der erwachten Seele.

Die Seele ist eine Quelle großartiger Weisheit, Liebe und Kraft. Doch lernen wir ihre Schätze nicht kennen, solange wir zulassen, daß die Seele vom Gemüt, von den Sinnen und vom physischen Körper beherrscht wird. Wenn Gemüt und Körper Macht über die Seele gewinnen, vergißt die Seele sich selbst. Doch die zu ihrer ursprünglichen Kraft erwachte Seele ist unsere wahre Natur, und es ist an der Zeit, daß wir unsere Seele wieder erwecken, damit ihre Gaben unser Leben bereichern können.

Es gibt zwei Möglichkeiten, uns im Verhältnis zur Seele zu betrachten. Die eine besteht darin, uns hauptsächlich als Körper und Gemüt zu sehen. Wenn wir uns auf diese Art und Weise anschauen, sagen wir, daß wir ein Gemüt und Körper sind, die *eine Seele haben*. Die zweite Möglichkeit liegt darin, uns vor allem als Seele zu betrachten. Wenn wir also unseren Blickpunkt verändern und uns mit der Seele identifizieren, sagen wir, daß wir *eine Seele sind*, die ein Gemüt und einen Körper hat oder trägt.

Eines der Ziele dieses Buches besteht darin zu untersuchen, welche Sichtweise wir von uns selbst haben. Falls wir uns für ein Gemüt und einen Körper halten, dann liegt eine Reise vor uns, um die Seele zu entdecken.

Erkennen wir, daß wir die Seele sind, die ein Gemüt und einen Körper erhalten hat, um durch die physische Welt zu manövrieren, dann liegt unser Ziel darin, die Seele weiter zu erwecken und zu stärken. Wenn wir die Seele wieder in ihre ursprüngliche Kraft einsetzen, wird sie auch ihre natürliche Herrschaft über das Gemüt und die Sinne wiedererlangen.

Dieses Buch soll helfen, uns mit den Eigenschaften der Seele vertraut zu machen, und es soll eine Anleitung geben, wie wir die Seele zu ihrer ganzen Stärke erwecken können. Die Kraft der Seele ist in Vergessenheit geraten. Das Gemüt, die Sinne, der Körper und die Anziehungskräfte der physischen Welt haben die Seele in einen Zustand des Vergessens versetzt, aus dem wir sie erwecken müssen. Wenn wir die Kraft der Seele wiedergewinnen, werden ihre Weisheit, Unsterblichkeit, Liebe, Furchtlosigkeit, Verbundenheit und Glückseligkeit unserem Leben eine ganz neue Dimension erschließen.

Viele Menschen leben und sterben, ohne die volle Kraft und das gesamte Potential ihrer Seele jemals erkannt zu haben. Irgendwann einmal denken sie vielleicht über die Seele, über Gott und den Sinn des Seins nach. Diese Suche nach Sinn und Zweck des Lebens – diese spirituelle Suche – wird von den einzelnen Menschen unterschiedlich betrieben. Manche suchen in den heiligen Schriften nach Antworten, während andere an Stätten der Gottesverehrung suchen. Manche gehen über die Grenzen ihrer eigenen Religion hinaus, um in anderen Glaubensrichtungen Antworten zu finden. Welche Methode man auch immer wählt, die Richtung, die jemand einschlägt, um Antworten auf die Fragen des Lebens zu finden, wird als spiritueller Weg bezeichnet. Es ist der spirituelle Pfad, der zur Erkenntnis des inneren Selbstes, der Seele, führt.

Viele Menschen gehen durchs Leben, ohne zu erkennen, wer sie sind und worin der Sinn ihrer Existenz liegt. In schwierigen Zeiten oder angesichts des Todes stellen sie vielleicht diese Fragen, aber verfolgen sie nicht weiter, bis sie zu Antworten finden, oder geben die Suche wieder auf, wenn die schweren Zeiten vorüber sind. Doch kann, wer ein brennendes Verlangen hat, die Antworten auf die Geheimnisse des Lebens zu finden, sie tatsächlich entdecken.

Glücklicherweise gibt es Menschen in der Welt, die spirituelle Erfüllung gefunden haben und uns anleiten können. Wenn wir die Geschichte erforschen, stellen wir fest, daß in jeder Generation Menschen lebten, die sich selbst als Seele erfuhren und Gott erkannten. Manches ihrer Weisheit und einige ihrer Erfahrungen sind schriftlich überliefert, und bisweilen wurde aus ihren Lehren eine Religion geschaffen.

Andere verwirklichte Seelen kamen und gingen, ohne Überlieferungen hinterlassen zu haben, weil sie keine Religion gründeten oder Schriften verfaßten. Manche kennen wir durch die Erzählungen von Menschen, die über sie berichteten.

Eines ist uns allen deutlich: Solche verwirklichten Seelen haben die Fähigkeit, uns zu lehren, wie wir uns selbst erkennen können. Wenn wir eine solche Seele finden, können wir lernen, wie auch wir unsere Seele und ihre wunderbaren Fähigkeiten entdecken können. Wahres Wissen entsteht, wenn wir selbst etwas sehen und eigene Erfahrungen machen. Wir mögen das lesen, was andere schreiben, wir mögen dem zuhören, was andere sagen – doch wir können nicht wirklich erfüllt und zufriedengestellt werden, solange wir nicht selbst eigene Erfahrungen machen.

Dieses Buch berührt zwei Aspekte der spirituellen Erkenntnisse, die uns helfen können, unsere Seele zu erkennen: das theoretische Wissen und die persönliche Praxis. Die theoretische Seite befaßt sich damit, was andere verwirklichte Personen über die Seele berichtet haben – zum Beispiel über ihre Eigenschaften der Weisheit, Unsterblichkeit, Liebe, Furchtlosigkeit, Verbundenheit und Glückseligkeit. Die persönliche oder praktische Seite besteht aus einer Technik, die ich von einem vollkommen erwachten und verwirklichten Menschen gelernt habe. Diese Technik möchte ich gerne anderen weitervermitteln, um anderen zu helfen, daß auch sie ihre Seele selbst erkennen.

Betrachten wir die theoretische Seite, so zeigt uns eine vergleichende Studie der Religionen eine grundlegende Übereinstimmung zwischen ihnen allen: Wir sind nicht nur ein physischer Körper, sondern wir sind auch – und vor allem – die Seele oder der Geist, der sich hinter bzw. im Körper befindet.

Es ist die Seele, die uns Leben verleiht. Solange die Seele im Körper ist, sind wir in physischer Hinsicht am Leben. Wenn die Seele zum Zeitpunkt des Todes den Körper verläßt, hört der Körper auf zu leben. Der Körper kann vergehen, doch die Seele, die ihn bewohnt, ist unsterblich. Die Seele existiert auch nach unserem physischen Tod weiter.

Wir nehmen den Körper wahr, weil wir ihn ansehen, fühlen können und Geräusche wahrnehmen, die durch ihn entstehen. Doch wo und was ist die Seele? Wie können wir sie erkennen? Was sind ihre Merkmale und Fähigkeiten? Dieses Buch eröffnet einen Weg, damit wir zwei Aufgaben erfüllen: Unser wahres Selbst als Seele theoretisch zu verstehen und eine praktische Technik zu lernen, um unsere Seele zu erkennen und zu erwecken, damit sie die kraftvolle Führung in unserem Leben übernehmen kann.

Zu Beginn seien einige Begriffe geklärt, um sicherzustellen, daß durch die Verwendung bestimmter Wörter in diesem Buch keine Verwirrung entsteht. Der Begriff «Seele» bezeichnet unser wahres Wesen oder die spirituelle Seite – den Anteil in uns, der auch nach dem Tod unseres physischen Körpers weiterlebt. Die Seele existiert unabhängig davon, ob sie einen Körper und ein Gemüt hat oder nicht. Wenn sie in diese Welt eintritt, wird ihr ein Körper und ein Gemüt gegeben. Wir Menschen sind daher *verkörperte Seelen* bzw. Seelen mit Körper und Gemüt.

Die Begriffe «wir» und «uns» beziehen sich auf uns als Menschen oder verkörperte Seelen. Der Vorgang, bei dem wir die Seele entdecken, wird als *Sich verbinden mit der Seele* oder *Entdecken unserer Seele in uns* bezeichnet. Wenn wir schließlich unsere Seele finden und uns mit ihr als unserem wahren Wesen identifizieren, dann wird die Seele *erwachte Seele* oder *erweckte Seele* genannt. Das ist eine Seele, die sich selbst erkannt hat und weiß, daß sie das innerste Wesen dessen ist, was wir wirklich sind, daß sie die grundlegende und führende Kraft hinter Körper und Gemüt ist.

Manche von uns verbringen ihr Leben auf der Suche nach äußerem Wissen. Dabei erkennen wir nicht, daß die Quelle aller Antworten, die universelle Weisheit, in uns liegt. Diese universelle Weisheit ist eine andere Bezeichnung für den Zustand der Allbewußtheit.

Manche von uns stellen vielleicht fest, daß unser Leben zeitweise von Furcht, Kummer, Hoffnungslosigkeit und Niedergeschlagenheit geprägt wird – und doch haben wir eine Quelle der Furchtlosigkeit in uns, die uns helfen kann, innere Not und Aufgewühltheit zu überwinden. Wir haben Angst vor unserem Tod und dem Ableben unserer Lieben – und doch erkennen wir nicht, daß wir unsterblich sind. Wir sehnen uns nach Liebe und suchen an vielen Orten danach – und doch gibt es eine bedingungslose Liebe in uns, die uns mit offenen Armen erwartet. Wir fühlen uns allein in der Welt, von anderen getrennt – und doch ist ein Ort der Einheit und Verbundenheit in uns, der unsere Beziehungen zu anderen

Menschen, zur Natur und zu allem Leben vertiefen kann, wenn wir Zugang dazu erlangen.

Wahre Freude ist nicht so flüchtig, wie wir glauben. Wir können dauerhaftes Glück finden, wenn wir nur am richtigen Ort danach suchen. In uns liegt die unbegrenzte Stärke und Kraft der erweckten Seele. Zu ihren wunderbaren Eigenschaften gehören Weisheit, Unsterblichkeit, bedingungslose Liebe, Furchtlosigkeit, Verbundenheit und Glückseligkeit. Wenn wir uns mit der Seele und ihren Fähigkeiten verbinden, kann das unser Leben bereichern und verändern.

Wir sind uns dieser inneren Geschenke nicht bewußt, weil uns Blockaden davon abhalten, sie zu erschließen. Wie können wir diese Blockaden beseitigen? Welche Methode sollten wir anwenden, um all das zu entdecken, was wir suchen?

Es gibt einfache Techniken, um Zugang zu den Schätzen unserer Seele zu erlangen. Wir brauchen danach nicht nach den vier Ecken der Erde zu suchen. Wir brauchen dafür nicht in den Weltraum zu reisen. Diese Methoden können wir in unserem eigenen Heim praktizieren.

Wenn wir einmal lernen, unsere inneren Quellen zu erschließen, erfahren wir eine tiefe Umwandlung, die alle Bereiche unseres Lebens bereichern kann – persönliche Beziehungen, das körperliche, emotionale und mentale Wohlbefinden, das Berufsleben, die spirituelle Entwicklung und das Erreichen unserer Lebensziele. Diese Transformation kann nicht nur Frieden und Freude in unser Leben bringen, sondern auch zu einer friedlichen und liebevollen Welt beitragen.

Dieses Buches soll dazu dienen, daß wir uns wieder als Seele entdecken und uns mit ihr identifizieren – also zu erkennen, daß Gemüt und Körper nur die äußeren Hüllen unserer Seele sind, durch die sie in dieser physischen Welt bestehen und wirken kann. Auf diese Weise kann die Seele wieder zu ihrer ursprünglichen Kraft finden und die Führung in unserem Leben übernehmen.

2. Unbegrenzte Weisheit

Was ist die erwachte Seele? Was ist die Quelle ihrer grenzenlosen Weisheit? Die Seele ist allwissend, weil sie ein Teil Gottes ist. Jeder, der an Gott glaubt, geht davon aus, daß Gott alles weiß. Eltern ermahnen oft ihre Kinder: «Denkt daran, Gott beobachtet all eure Gedanken, Worte und Taten». Nach dem Alten Testament widersetzten sich Adam und Eva dem Gebot Gottes, keine Frucht vom Baum der Erkenntnis zu essen. Sie versuchten, ihren Ungehorsam zu verbergen, doch sie entdeckten, daß sie sich nirgends vor Gott, dem allwissenden Wesen, verstecken konnten. Gott wies sie aus dem Garten Eden hinaus, und wir, ihre Kinder, versuchen seit dieser Zeit das Tor, das zu diesem Garten führt, wiederzufinden.

Unsere Suche nach dem Garten spiegelt sich in der Erforschung der Natur unseres physischen Universums wider. Zum Beispiel beschleunigen Wissenschaftler Atomteilchen in einem großen Laboratorium in Batavia, Illinois, bis zu einer hohen Geschwindigkeit durch einen riesigen Ring im Inneren der Erde, nur um sie zu zertrümmern. Sie suchen nach dem «Gottes-Teilchen». Das ist ihr Name für jenes Elementar-Teilchen, welches ihnen die Antworten auf die Frage nach der Entstehung unseres Universums gibt. Im Verlauf ihrer Forschungsarbeiten entdeckten sie zahlreiche subatomare Teilchen mit exotischen Namen wie Bosonen, Quarks, Mesonen usw. Sie konnten viel über das Wesen von Materie und Energie in Erfahrung bringen, doch die letzte Antwort, nach der sie suchten, fanden sie nicht.

Andere Wissenschaftler messen die Distanz zu den entferntesten Quasaren im Universum, um zu berechnen, wann der theoretisch angenommene Urknall stattfand, bei dem, wie sie glauben, das gesamte Universum durch die Explosion von Staubteilchen entstand. Sie glauben, viel darüber zu wissen, was in den ersten Millisekunden nach dem Urknall vor sich ging, doch forschen sie fieberhaft danach, was vor dem Urknall bestand. Woher stammen die ersten Teilchen? Die Wissenschaft war bis jetzt nicht in der Lage, diese Frage zu beantworten, aber der Wettlauf darum, der erste zu sein, der dieses Geheimnis löst, dauert an.

In medizinischen Forschungsstätten überall in der Welt arbeiten Wissenschaftler daran, den genetischen Code der menschlichen DNA zu entschlüsseln. Mit Hilfe von Computern wird jeder Teil unserer genetischen Struktur analysiert, um die Abschnitte der DNA in Kategorien einzuteilen, die bestimmte Aspekte unseres Lebens bestimmen, von unserem physischen Körper und unserem Gehirn bis zur Art und Weise, wie sich unser Körper gewisse Krankheiten zuzieht bzw. sich dagegen zur Wehr setzt. Enthält unsere Erbmasse, der genetische Code, das Geheimnis, wer wir als menschliche Wesen sind?

Sind wir bei unserer Suche nach den Antworten des Lebens und des Universums allein? Es gibt Menschen, die sich fragen, ob wir die einzigen Lebewesen in der gesamten Schöpfung sind. Manche Wissenschaftler senden Impulse weit in den Weltraum hinaus und hoffen dabei, eines Tages eine Antwort aus einer entfernten Galaxie zu erhalten. Wie groß ist der Weltraum? Ist er wirklich unendlich, oder treffen sich die Enden des Weltraums, so daß er eine einzige riesige Kugel bildet? Falls es sich um eine Kugel handelt, was liegt dann jenseits davon? Diese Fragen fordern die Menschheit heraus, gefährliche und teure Reisen in das Weltall zu unternehmen, in der Hoffnung, eines Tages weit genug vordringen zu können, um etwas über das Wesen des Universums herauszufinden.

In Computer-Laboratorien experimentieren Ingenieure mit künstlicher Intelligenz. Werden sie Erfolg dabei haben, einen Computer zu bauen, der wie ein Mensch denkt? Funktionieren die Menschen lediglich wie komplexe Computerprogramme, deren Funktionen man durch Roboter kopieren kann, oder sind Menschen einmalige Wesen, die von einer immateriellen Seele bewohnt werden, die jedem Versuch trotzt, sie von Menschenhand zu kopieren.

Manche Physiker greifen auf die mathematischen Formeln der Physik zurück, um die Existenz Gottes und der Seele auf dem Papier zu beweisen. Nach einer ihrer Deutungen der Daten des Universums gibt es tatsächlich eine höchste Kraft, die das Universum erschuf, es erhält und sich eines Tages in entfernter Zukunft wieder in sich selbst zurückziehen wird.

Geologen und Paläontologen führen Grabungen an entlegenen Teilen der Erde durch und suchen nach Fossilien und Gesteinen, um die Natur der Frühmenschen und anderer Lebensformen zu ergründen. Jede neue Entdeckung verlegt den Zeitpunkt, wann die ersten Lebewesen existiert haben, weiter zurück. Wissenschaftler hoffen, frühere wissenschaftliche Evolutionstheorien zu beweisen oder zu widerlegen, doch wie solch wundersame Geschöpfe entstanden sind, entzieht sich nach wie vor der Erkenntnis beider Parteien.

In Notfallstationen in der ganzen Welt hören sich Ärzte aufmerksam Erfahrungen von Patienten an, die vom klinischen Tod wiederbelebt wurden. Die Häufigkeit und die auffallenden Ähnlichkeiten dieser Nahtod-Erfahrungen fordern die wissenschaftliche Welt heraus. Sie sind ein zusätzlicher Erfahrungsbeleg für die Theorie, daß es ein Sein jenseits der Materie gibt, und sie zerschmettern das egozentrische Denken der Menschen, daß die Erde und dieses Universum das Einzige in der Schöpfung sind.

Die Forscher und ihre Methoden mögen sich voneinander unterscheiden, doch im Zentrum all dieses Suchens steht dieselbe brennende Frage: Was ist diese Welt? Wie kam sie ins Sein? Gibt es Gott? Haben wir eine Seele? Woher kommt die Seele und wohin geht sie, wenn das körperliche Leben endet? Hat unser Leben einen Sinn?

Wissenschaftler, Forscher, Ingenieure und Ärzte verbringen ihr ganzes Leben mit der Erforschung der einzelnen Teile des Puzzles. Das Unbekannte ist so gewaltig, daß eine Person allein unmöglich alle Aspekte davon studieren kann, vielmehr muß sich jeder auf einem kleinen Gebiet spezialisieren. Manche erforschen das Puzzle mit den Methoden der Biologie, andere durch Astronomie oder Geologie oder Physik. Doch haben die weltlichen Wissenschaften ihre Grenzen. Ein ganzes Leben der wissenschaftlichen Suche nach unserem Platz im Universum hat bis jetzt noch zu keinen überzeugenden Ergebnissen geführt.

Der Grund dafür, warum diese äußere Suche bislang nicht von Erfolg gekrönt war, besteht darin, daß die Antworten für die Mysterien des Lebens nicht im Äußeren liegen, sondern in jedem einzelnen von uns. Das Mysterium des Makrokosmos ist im Mikrokosmos enthalten.

Die Wissenschaft erklärt uns, daß sich das Universum aus Materie und Energie zusammensetzt. Doch wie erklären Materie und Energie Bewußtsein? Wir wissen, daß zwischen einer lebenden Person und jemandem, der gestorben ist, ein Unterschied besteht, doch die Materie, aus der beide bestehen, ist dieselbe. Der Körper, der vergangen ist, setzt sich aus derselben Substanz zusammen wie der Körper, als er noch am Leben war. Aber der Teil des Menschen, der mit uns kommunizierte, der den Körper in Bewegung setzte und kontrollierte, verschwand. Das Bewußtsein dieser Person ist fortgegangen.

Wir erkennen, daß die Menschen bewußte Wesen sind. Von einer Person, deren Herz und Atem zum Stillstand gekommen sind, sagt man, «sie hat das physische Bewußtsein verloren». Doch woher stammt das Bewußtsein, das in der Materie eingeschlossen ist? Wenn unsere Seele der bewußte Teil von uns ist, dann muß es eine Quelle geben, aus der die Seele ursprünglich entstanden ist. Wurde sie aus der Materie und Energie des Universums geschaffen? Wir wissen, daß es in der Materie kein Bewußtsein gibt. Und wir wissen, daß es in der physikalischen Energie kein Bewußtsein gibt.

Viele moderne Wissenschaftler haben die Annahme aufgegeben, daß sie Atheisten sein müßten, um ihren wissenschaftlichen «Glauben» aufrechterhalten zu können. Im Gegenteil: Je mehr die Wissenschaftler über die Naturgesetze entdecken, desto häufiger sprechen sie von der Möglichkeit, daß eine höhere intelligente Kraft existiert, welche die Schöpfung hervorbrachte. Das Wunder des menschlichen Körpers, die wunderbare Erde und das ehrfurchtgebietende Universum mit seinen scheinbar zahllosen Galaxien – all dies ist offensichtlich mehr als nur ein Zufall der Natur. Tatsächlich scheinen das geheimnisvolle Atom, der komplexe genetische Code und die Erschaffung dieses gesamten Universums eher ein Beweis *für* die Existenz Gottes zu sein.

Während sich die Wissenschaft mit Fragen über Gott und die Seele herumschlägt, forscht eine andere Gruppe der Menschheit mit ganz anderen Methoden. Unter den Begriffen Propheten, Heilige, Mystiker, weise Seher und spirituelle Meister bekannt, hatten diese erleuchteten Wesen im Verlauf der Zeitalter einen tiefgreifenden Einfluß auf die Menschheit. Ihre Entdeckungen haben eine Saite im menschlichen Herz berührt, die Millionen Menschen veranlaßte, sich als ihre Schüler oder Gläubige zu bezeichnen. Weltreligionen entstanden aus den Lehren dieser erleuchteten Menschen. Warum sind ihre Lehren so machtvoll, daß sie selbst Jahrhunderte nach ihrem Weggang aus der physischen Welt das Leben von Menschen zu inspirieren vermögen?

Der Grund dafür ist die Tatsache, daß sie Antworten auf die Fragen fanden, denen sich jeder Mensch zu einer bestimmten Zeit im Leben gegenüber sieht. Sie entdeckten die unbegrenzte Weisheit der erwachten Seele, die aus ihrer ursprünglichen Kraft lebt.

Was entdeckten erleuchtete Wesen über die Seele und Gott?

Die Heiligen und Propheten entdeckten, daß Gott und die Seele ein und dasselbe sind. Sie fanden heraus, daß die Seele vom selben Wesen ist wie Gott. Sie ist nur ein Teil oder Tropfen aus dem gesamten Meer Gottes. Alle großen Religionen erkennen die Einheit Gottes und der Seele.

In der Bibel heißt es:

> *Und Gott sprach: Lasset uns Menschen machen, ein Bild, das uns gleich sei.*
>
> (Genesis 1, 26)

Im Buddhismus, wo man den Begriff Gott zwar nicht verwendet, kennt man jedoch die Buddha-Natur:

> *Jedes Wesen hat die Buddha-Natur. Das ist das Selbst.*
> (Mahaparinirvana Sutra 214)

Im Koran steht:

> *Ich habe dem Menschen Meinen Geist eingehaucht.*
> (Koran 15, 29)

In den Lehren des Hinduismus findet man:

> *In der goldenen Stadt des Herzens wohnt*
> *der Herr der Liebe, ohne Trennung, ohne Makel.*
> *Erkenne Ihn als das strahlende Licht des Lichts.*

Weder die Sonne scheint, noch der Mond oder die Sterne leuchten dort;
Weder ein Blitz flackert auf, noch ein Feuer wie auf Erden.
Der Herr ist das Licht, von allen widergespiegelt,
Er strahlt, und alles erstrahlt nach Ihm.
(Mundaka Upanishade 2.2. 10-11)

Und weiter:

In wessen Namen denkt das Gemüt?
Wer gebietet dem Körper zu leben?
Wer veranlaßt die Zunge zu sprechen?
Wer ist das strahlende Wesen, das das Auge zu Form und Farbe und das Ohr zum Klang führt?
Das Selbst (Atman) ist das Ohr des Ohrs, das Gemüt des Gemüts, die Sprache der Sprache.
Es ist auch der Atem des Atems und das Auge des Auges.
Wenn man die falsche Identität des Selbstes mit den Sinnen und dem Gemüt aufgibt und das Selbst als Brahman erkennt, wird der Weise unsterblich, nachdem er aus diesem Leben fortgeht.
(Kena Upanishade 1. 1-2)

In der heiligen Schrift der Sikhs steht:

Unsere Seele ist das Ebenbild des transzendenten Gottes.
(Sri Guru Granth Sahib, Gond, M. 5, S. 868)

Äußeres, theoretisches Wissen kann nur den Weg zu unbegrenztem Wissen weisen

Historische Aufzeichnungen von erleuchteten Wesen vermitteln uns äußeres, theoretischem Wissen, das uns die Richtung weisen kann, in die wir gehen müssen, um die Seele zu finden. Aber es hilft uns noch nicht, die Seele zu erwecken und zur Seele zu *werden*. Wir nehmen die Aussagen dieser Berichte vielleicht zur Kenntnis, doch werden wir die Richtigkeit ihrer Aussagen nicht selbst erkennen, ohne unsere innere Arbeit zu erledigen. Im Gegensatz zu praktischem Wissen, das man durch eine Erfahrung aus der ersten Hand erlangt, ist die Belehrungskraft des theoretischen Wissens beschränkt.

Die Hindus erklären in der Bhagavad Gita:

> *Dies ist wahres Wissen: Immer nur das Selbst als das wahre Ziel der Weisheit zu suchen. Irgend etwas anderes zu suchen, ist Unwissenheit.*
>
> (Bhagavad Gita 13, 11)

Im Taoismus findet man:

> *Wahre Weisheit unterscheidet sich davon, viel zu lernen.*
> *Viel zu lernen, bedeutet wenig Weisheit.*
>
> (Tao Te King 81)

Nur zu wissen, daß es andere Menschen gegeben hat, die ihre Seele entdeckt und Gott gefunden haben, vermittelt uns noch keine Selbsterkenntnis. Aber zu wissen, daß man dieses Ziel überhaupt erreichen kann, ist immerhin motivierend. Was andere getan haben, können wir ebenfalls vollbringen. Das Wissen, daß Menschen auf dem Mond landen konnten, veranlaßt Wissenschaftler, noch bessere Raumschiffe zu bauen, die noch weiter fliegen, damit ein Mensch eines Tages auf einem noch weiter entfernten Himmelskörper landen kann. Genauso können uns frühere Forschungsreisende und Entdecker der inneren Reise inspirieren, motivieren und ermutigen, ihrem Pfad zu folgen.

Wenn wir hören, was Heilige und Mystiker über die erwachte Seele und ihre unbegrenzte Weisheit gesagt haben, mag uns das dazu bewegen, dieses Meer des Wissens selbst zu erfahren. Die Schriften und Lehren der Heiligen der Vergangenheit sind wie Landkarten oder Pläne, um unser wahres Potential zu erreichen.

Das buddhistische Gleichnis über das Floß gewährt uns einen Einblick in den Unterschied zwischen Buchwissen und innerem Wissen. Ein Reisender gelangt zum Ufer eines Gewässers. Auf seiner Uferseite besteht irgendeine Gefahr, aber er erfährt, daß das andere Ufer sicher ist. So möchte er die andere Seite erreichen, doch gibt es weder eine Brücke noch eine Fähre, die ihn hinüberführen könnte. Daher beschließt er, sein eigenes Gefährt zu bauen. Er sammelt Holz und Laub und konstruiert ein kleines Floß. Indem er seine Arme und Beine einsetzt, um es anzutreiben, kann er sein Floß mit Erfolg in Bewegung setzen und erreicht das andere Ufer.

Auf der anderen Seite angelangt, denkt der Mann: «Das Floß war für mich nützlich bis hierher. Ich werde es ab jetzt auf meinem Kopf bzw. dem Rücken über das Land tragen, weil es mir einmal geholfen hat.» So schleppt der Mann das Floß auf seinem Rücken wie ein Esel, obwohl es nun für ihn eine Last und nicht mehr nützlich ist.

Das buddhistische Gleichnis kommt zum Schluß, daß es für den Mann besser gewesen wäre, das Floß am Ufer zu lassen und zu Fuß ohne Floß weiter zu marschieren. Das Floß soll nur dazu dienen, das Wasser zu überqueren, und nicht dazu, es auf dem Kopf zu tragen.

Viele von uns gleichen dem Mann in dieser Geschichte – die äußeren theoretischen Lehren und Schriften der Weltreligionen sind wie das Floß. Während sie uns helfen können, die richtige Richtung zu finden, sind äußere Worte nicht in der Lage, uns am anderen Ufer der inneren Welten zu helfen. Von diesem Punkt an brauchen wir unmittelbare innere Erfahrung. Die Lehren können uns die richtige Richtung weisen, aber nicht direkt zur Wahrheit führen.

Wo befinden sich die erwachte Seele und Gott?

Es gibt eine andere Geschichte, die man sich in vielen Variationen erzählt, deren Botschaft aber immer dieselbe ist. Sie berichtet, wie Gott, als er sich in die Abgeschiedenheit zurückziehen wollte, aber vorgab, nicht zu wissen wohin, manch weise Ratgeber befragte und ihre Weisheit auf die Probe stellte.

«Warum versteckst Du Dich nicht auf einem Berggipfel?» schlug ein Berater vor.

«Das hat keinen Sinn», seufzte Gott, «die Menschen werden eines Tages den Berg besteigen und mich entdecken.»

«Wie wäre es mit dem Meeresgrund?» erwähnte ein anderer Weiser.

«Mit der Zeit werden die Menschen tauchen lernen und mich finden», erwiderte Gott.

«Weit draußen im Weltall – wie wäre das?» war der Vorschlag eines dritten.

«Eines Tages werden die Menschen in den Weltraum fliegen und mich dort ausfindig machen», war die Antwort Gottes.

Schließlich hatte ein Ratgeber eine perfekte Lösung: «Ich kenne einen Ort, an dem niemals irgend jemand suchen wird», sagte er.

«Wo ist das?» fragten alle.

«Versteck' Dich einfach im menschlichen Herzen, in der Seele. Niemand wird daran denken, dort nachzusehen!»

Gott nahm dieser Ratschlag an und ist seitdem dort verborgen.

Kann uns inneres Wissen helfen, den Sinn des Lebens zu erkennen?

Für manche ist es zu weit von ihrem Alltagsleben entfernt, sich Fragen über das Universum, die Schöpfung und Fragen nach Leben und Tod zu stellen. Sie sind so sehr damit beschäftigt, sich mit tagtäglichen Dingen herumzuschlagen: Welchen Beruf soll ich ausüben? Wen soll ich heiraten? In welche Schule soll ich meine Kinder schicken? Fragen, die am Ende unseres Lebens auftauchen werden, erscheinen für das

Hier und Jetzt nicht von großer Bedeutung. Kann die unbegrenzte Weisheit der erwachten Seele uns helfen, die Fragen des Alltags zu beantworten und zusätzlich den Sinn des Lebens zu erkennen?

Definieren wir zunächst den Begriff «unbegrenzte Weisheit». Sie ist kein intellektuelles Wissen, das wir in Vorlesungen oder durch Bücher erlernen, sondern sie ist Bewußtsein. Gott wird als «Bewußtsein» beschrieben. Unsere Seele, die vom selben Wesen ist wie Gott, ist ebenfalls Bewußtsein. Bewußtsein ist «ein Zustand, in dem man alles weiß, was es zu wissen gibt». Wenn wir Zugang zur göttlichen Weisheit erlangen, erreichen wir einen Zustand der Allbewußtheit, in dem wir die Antworten auf die Geheimnisse des Lebens und unseren Sinn im Leben erkennen.

Die Seele ist nicht nur ein erhabenes Ziel, das Philosophen und Suchende verfolgten und erreichten. Die Seele existiert, damit sie von jedem Menschen entdeckt werden kann – von Menschen, die versuchen, den Lebensunterhalt für sich und die Familie zu verdienen, von jenen, die sich bemühen, ein ethischer Mensch in einer Welt voller Versuchungen zu sein, von Personen, die darum kämpfen, Sinn im Chaos zu finden. Die Seele ist uns näher, als wir denken, und sie kennt unsere alltägliche weltliche Existenz.

Oft wissen wir nicht, warum wir hier sind und was wir aus dem täglichen Leben lernen sollen. Ob wir uns darüber im klaren sind oder nicht – es gibt einen Sinn in unserem Leben und in allem, was uns widerfährt. Alles, was uns passiert, hat einen Grund. Würden wir uns mit unserer Seele verbinden, würden wir das Leben als mehr als nur eine Kette bedeutungsloser Ereignisse betrachten, und wir würden eine Lektion und eine Botschaft in allem entdecken, was sich ereignet.

Alle, die mit ihrer Seele verbunden sind, sehen das Leben aus einer erfrischenden Perspektive. Anstatt sich im Meer des Lebens umhergeworfen zu fühlen, von jeder Welle vorwärts getrieben, betrachten sie ihr Leben wie einen Film mit Untertiteln, bei dem die Worte am unteren Rand der Leinwand sie erkennen lassen, was auf der spirituellen Ebene vor sich geht. Sie mögen zwar noch immer den Wellenschlag spüren, doch beobachten sie das mit dem inneren Wissen, daß es für die jeweilige Situation einen Grund und einen Sinn gibt.

Wir können alles, was uns widerfährt, durch das Auge unserer unsterblichen Seele anschauen. Dadurch werden Ereignisse zu vorüberziehenden, flüchtigen Wolken vor dem Hintergrund eines klaren, ruhigen und friedlichen Himmels. Unser Gleichmut bleibt erhalten, während wir geduldig abwarten, bis die flüchtigen Geschehnisse des Lebens unser Blickfeld durchqueren. Dabei ist uns bewußt, daß sie sich eines Tages in ein anderes Bild voller Frieden, Freude und Liebe verwandeln werden.

Übung

Nehmen Sie sich einen Augenblick Zeit, um alles aufzuschreiben, was sich gegenwärtig in Ihrem Leben ereignet. Denken Sie an die Freuden und Sorgen. Denken Sie an all die verwirrenden Situationen genauso wie an die freudvollen Geschehnisse, die Sie veranlassen zu fragen, warum passiert mir das? Versuchen Sie nach dieser Rückschau folgende Übung:

Setzen Sie sich in einer meditativen Stimmung hin. Stellen Sie sicher, daß die Umgebung ruhig ist und daß Sie sich wohl fühlen. Entspannen Sie sich.

Erkennen Sie jetzt, daß sich Ihre Seele in Verbindung mit der grenzenlosen Weisheit in Ihnen befindet. Sie sind ein Ozean von All-Bewußtheit. Alles, was es in dieser Welt zu wissen gibt, fließt aus Ihrem Ozean wie kleine Flüsse.

Betrachten Sie nun Ihr Leben mit den Augen der unbegrenzten Weisheit. Beobachten Sie die Ereignisse, die Sie gerade notiert haben, aber dieses Mal als erwachte Seele, die sich ein Theaterstück oder einen Kinofilm ansieht.

Gehen Sie davon aus, daß Gott als Vater und die Seele als sein Kind Ihr Leben besprechen. Gibt es einen höheren Standpunkt, von dem aus Sie Ihr Leben betrachten können? Horchen Sie auf die Antworten, die aus Ihrem Inneren kommen. Wenn Sie später den Vorgang der Einkehr bzw. der Meditation erlernen, werden Sie einen direkten Zugang zu wahrer Weisheit erlangen.

Die Stimme der Weisheit, übertönt durch das unaufhörliche Geschwätz unseres Gemüts, durch Fernsehen, Nachrichten aus aller Welt, durch Klatsch und endlose Gespräche mit anderen Menschen, hatte bisher keine Möglichkeit, mit uns zu kommunizieren. Geben Sie ihr täglich Zeit, um mit Ihnen zu sprechen. Wir sollten versuchen, unser Gemüt zur Ruhe zu bringen, um unsere Seele hören zu können. Dabei sollten wir nicht das intellektuelle Ringen und das endlose Analysieren des Gemüts mit der Weisheit der Seele verwechseln. Lernen wir, die beiden zu unterscheiden. Wenn wir der Weisheit der Seele lauschen, können wir den Herausforderungen des Lebens voller Vertrauen und Stärke begegnen, denn wir kennen das Warum und Wieso all dessen, was geschieht.

Worin liegt der Unterschied zwischen dem Wissen des Gemüts und der Weisheit der Seele?

Während wir üben, der erweckten Seele zuzuhören, lernen wir allmählich zwischen dem Wissen des Gemüts und der Weisheit der Seele zu unterscheiden. Dies sind die wesentlichen Unterschiede zwischen den beiden: Das Gemüt analysiert durch die subjektiven Augen des Ego, während die Seele alles durch das klare Glas der Wahrheit betrachtet. Das Ego ist selbstsüchtig. Es fragt: Was steckt für mich darin? Werde ich erhalten, was ich will? Werde ich Macht und Kontrolle über andere erlangen?

Die Wahrheit der Seele ist Liebe, Gewaltlosigkeit, Demut, Reinheit und Selbstlosigkeit. Jede Antwort, die wir aus unserem Inneren erhalten, können wir an diesem Maßstab prüfen. Wenn das Gemüt (das Ego) spricht, zielt es darauf ab, uns zu erhöhen, ungeachtet der Auswirkung auf andere. Wahrheit hingegen trachtet nach Liebe und Harmonie. Sie fragt: Wie kann ich anderen helfen?

Gemüt und Ego werden vor nichts halt machen, um zu erreichen, was sie wollen. Sie werden auf Gewalt in Gedanken, Worten oder Taten zurückgreifen, auf Gier, Lust, Zorn, Verhaftung und Selbstsucht. Die erwachte Seele dagegen wird sogar von sich selbst etwas aufgeben, um auf dem Pfad der Gewaltlosigkeit, Liebe, Demut, Selbstlosigkeit und Reinheit zu gehen.

Wenn wir täglich Zeit in der Stille unserer Seele verbringen und beginnen, Antworten auf die Fragen unseres Lebens zu hören, fragen wir uns dann dabei, ob die Absicht, Antworten zu erhalten, vom Gemüt und vom Ego ausgeht oder von der Seele, der Wahrheit und der Liebe. Wenn wir feststellen, daß Ego und Gemüt sprechen, dann sollten wir tiefer gehen, bis wir Antworten aus einem Raum der Liebe und Wahrheit erhalten. Mit zunehmender Praxis können wir das innere Flüstern der unbegrenzten Weisheit unserer Seele vernehmen. Wir werden ihre Führung als eine Quelle der Stärke und Weisheit erfahren, die jeden Schritt unseres Lebens lenkt.

3. Unsterblichkeit

Die Seele ist unsterblich; sie kennt keinen Tod. Und doch fürchten sich viele Menschen vor dem Tod, weil sie sich ihres unsterblichen Wesens nicht bewußt sind. Wenn wir uns mit unserer Seele verbinden, werden wir Antworten dafür finden, was uns nach dem Tod erwartet.

Alle großen Religionen der Welt wissen von der Unsterblichkeit der Seele. Die Beschreibungen in ihren Schriften über die Reise der Seele nach dem Tod unterscheiden sich von Religion zu Religion; dennoch gibt es einen gemeinsamen roten Faden: Die Seele überlebt den Tod des physischen Körpers. Manche Menschen tun diesen Aspekt der Religion, der die Unsterblichkeit der Seele betrifft, als hoffnungsvollen Wunsch ab, als Märchen oder als Wunschtraum. Atheisten mögen nicht an die Seele oder ihre Unsterblichkeit glauben, Agnostiker sind vielleicht unsicher und Skeptiker bezweifeln die Existenz der Seele, doch sie alle suchen so oder so nach einem Beweis.

Der Wunsch, die unsterbliche Natur der Seele entweder zu beweisen oder zu widerlegen, ist eine Bestrebung, welche die Menschheit aller Zeitalter bewegte. Anhaltspunkte für die Unsterblichkeit der Seele sind in zweifacher Hinsicht aufgetaucht:

Zum einen in den Aussagen und Berichten der Heiligen, Propheten und Mystiker, die behaupteten, bei ihrer mystischen Reise durch die Tore des Jenseits gegangen zu sein, und zum anderen durch die Berichte der Menschen, die eine Nahtod-Erfahrung machten. Über acht Millionen Menschen in Amerika berichteten in den vergangenen zwei Jahrzehnten über dieses Ereignis in gleichartiger Weise.

Wie beschreiben die verschiedenen Traditionen die Unsterblichkeit der Seele?

Die alten Ägypter glaubten daran, daß die Seele in einer Unterwelt in der Nähe der Erde weiterleben würde. Aus diesem Glauben entstand das Ritual, die Toten mit ihren weltlichen Besitztümern zu verbrennen, falls sie diese im Jenseits benötigen sollten. Massive Pyramiden und Grabmäler wurden nicht nur mit den einbalsamierten, mumifizierten Körpern der Toten gefüllt, sondern auch mit Haushaltsgegenständen, Waffen und Schmuck. Die Ägypter waren der Ansicht, daß der Geist, bekannt als «Ka», den physischen Tod des Körpers überlebt und in der Nähe der Erde bleibt, während ein höherer Körper, der dieselbe Gestalt und Erscheinung wie auf Erden behält, in schönere Bereiche aufsteigt, wo er mit Osiris, dem König des Jenseits, eins wird.

Einige frühe afrikanische Stämme glaubten ebenfalls an die Unsterblichkeit der Seele. Sie hielten die Toten für genauso lebendig wie die Lebenden. Nach ihrer Ansicht lebten die Toten irgendwo zwischen der Erde und dem Geist derer, die schon vor langer Zeit gegangen waren und an einem entfernteren Ort weilten. Manchmal konnten die Lebenden den Geist der Toten sehen, und dann boten sie ihnen zu essen oder zu trinken an. Sie behandelten diese Geister voller Respekt und glaubten, mit ihnen kommunizieren zu können.

Im antiken Griechenland glaubte man, daß die Seele einer verstorbenen Person mit einer Fähre über die dunklen Wasser des Flusses Styx gebracht würde. Die Seele kam dann in den Hades, wo sie vor ein Gericht gestellt und an einen Ort verwiesen wurde, der ihren Handlungen im Leben entsprach. Wer bestraft werden mußte, wurde in den Tartarus gesandt. Und wer eine Belohnung erhalten sollte, kam in die Elysischen Gefilde, einem Ort mit einer sanft wehenden Brise, erfüllt voller Freude und Glück. Manche Seelen wurden auf den Olymp geschickt, um auf ewig bei den unsterblichen Göttern und Göttinnen zu weilen.

Die griechischen Philosophen Sokrates und Platon glaubten ebenfalls an die Unsterblichkeit der Seele. Bevor Sokrates den Schierlingsbecher trank, der ihm von den Machthabern gereicht wurde, sprach er zu den Anwesenden: «*Wenn ich das Gift getrunken habe, werde ich nicht länger unter euch weilen, sondern in einen Zustand himmlischer Glückseligkeit eingehen…*»

In seinen Lehren beschreibt Sokrates, wie die Seele nach dem physischen Tod an einen Ort des Gerichts geführt wird. Seelen, die im Leben gut gehandelt haben, würden mit einem Führer gehen. Seelen, die an den Vergnügungen des Körpers hingen, würden geraume Zeit um die Erde schweben und erst nach langem Leiden aus dieser Welt weggeführt werden. Wer ein reines Leben der Weisheit, Liebe und Wahrheit geführt hätte, würde an einen himmlischen Ort gelangen, um seine Zeit bei Gott zu verbringen.

Diejenigen, deren Leben weder besonders gut noch besonders schlecht war, würden in einen Bereich kommen, wo sie so lange gereinigt würden, bis ihre Sünden abgebüßt wären. Und die Seelen derer, die schreckliche Taten begangen hatten, würden im Tartarus leiden, bis ihnen zu späterer Zeit von denen, die sie verletzt haben, verziehen wird. Falls ihre Verbrechen so schlimm waren, daß man ihnen nicht verzeihen konnte und sie auch nicht bereuten, blieben sie im Tartarus.

Sokrates glaubte auch an die Seelenwanderung, wonach eine Seele, die an die Wünsche und Vergnügungen der physischen Welt verhaftet war, in einen neuen Körper zurückkehrt, um das Leben in dieser Gestalt fortzusetzen.

Die griechischen «Mysterien» waren eine Religion, bei der mystische Geheimnisse an die Initiierten weitergegeben wurden. Menschen aus der gesamten antiken Welt, einschließlich großer Philosophen und Dichter der damaligen Zeit, reisten zum Zentrum in Eleusis nahe Athen und baten um Initiation in die Mysterien. Die Mitglieder glaubten daran, daß die Seele vorübergehend in einem menschlichen Körper lebe, dann für eine bestimmte Zeit in eine strahlende Region des Lichts eingehe und dann wieder in einem menschlichen Körper geboren werde.

Sie glaubten, daß das Licht sowohl formlos erscheinen oder die Gestalt einer menschlichen Person annehmen könne. Sie glaubten, daß der Tod die Seele von ihrem Gefängnis in der physischen Welt befreie, um eine schönere und glücklichere Gegend zu bewohnen. Solange die Seele an weltlichen Wünschen festhalte, würde sie wieder zur Welt zurückkehren. Wenn eine Seele einmal Reinheit erlangte, könnte sie ewig in den höheren Welten leben. Platon schrieb: «*Als Konsequenz dieser göttlichen Initiation wurden wir Betrachter von ganzen, einfachen, unbeweglichen und gesegneten Visionen, eingehüllt in reines Licht.*» (Phaedros)

Auch die Hindus glauben an die Unsterblichkeit der Seele, die von einem Leben zum anderen wandert. Die Seele kehrt ins Leben zurück, um ihre Karmas aufzuarbeiten, eine Ansammlung von Gedanken, Worten und Taten aus diesem und vergangenen Leben. Zwischen diesen Leben verbringt die Seele eine bestimmte Zeit entweder im Himmel oder in der Hölle, je nach ihren Taten. Dann kehrt sie auf die Erde zurück, um ein weiteres Leben zu führen und den Kreislauf der Geburten und Tode fortzusetzen. Nur durch Erlösung oder «Moksha» kann eine Seele vom ständigen Kreislauf von Geburt und Tod befreit werden. Durch spirituelle Praxis und Nach-innen-gehen kann die Seele einen Zustand der Vereinigung mit dem Herrn erreichen.

In der Johannes-Offenbarung im Neuen Testament steht eine Beschreibung der himmlischen Regionen:

Und ich sah einen großen, weißen Thron und den, der darauf saß; und vor seinem Angesicht floh die Erde und der Himmel, und ihnen ward keine Stätte gegeben. Und ich sah die Toten, beide, groß und klein, stehen vor dem Thron, und Bücher wurden aufgetan. Und ein andres Buch ward aufgetan, welches ist das Buch des Lebens. Und die Toten wurden gerichtet nach dem, was geschrieben steht in den Büchern, nach ihren Werken.

(Offenbarung des Johannes 20, 11-12)

Im Judentum, in der Mischnah, steht geschrieben:

Wisse auch, daß alles einem Gericht unterliegt; und laß dich nicht durch deine Vorstellung zur Hoffnung verleiten, daß das Grab ein Ort der Zuflucht für dich sein wird. Zwangsläufig wurdest du geformt, zwangsläufig wurdest du geboren, zwangsläufig lebst du, und zwangsläufig wirst du sterben, und zwangsläufig wirst du in der Zukunft Rechenschaft ablegen vor dem König der Könige, dem Heiligen Einen, gesegnet ist Er.

(Mischnah, Abot 4, 29)

Eine ähnliche Beschreibung gibt es auch im Talmud:

Nicht wie diese Welt ist die nächste Welt. In der Welt, die kommen wird, gibt es weder Essen noch Trinken, keine Geburt von Kindern oder Geschäfte, keinen Neid oder Haß oder Eifersucht; sondern die Rechtschaffenen thronen, mit einer Krone auf dem Haupt, und erfreuen sich am strahlenden Glanz der Göttlichen Gegenwart (Schechinah).

(Talmud, Berakot 17a)

Die Muslime glauben ebenfalls an ein Weiterleben nach dem Tod. So heißt es im Koran:

Du ziehst dieses Leben vor, obwohl das nächste Leben ein besseres und dauerhafteres ist. All dies ist in den früheren Schriften geschrieben, den Schriften von Abraham und Moses.

(Koran 87, 16-19)

Nach den Muslimen durchläuft die scheidende Seele eine Zeitspanne des Gerichts; sie kann entweder in den Himmel kommen oder in die Hölle oder nach «Ahraf», einem Ort, wo es weder Schmerz noch Vergnügen gibt.

Bei den Jains gibt es eine ganze Kosmogonie über Himmel, Höllen und spirituelle Welten, durch welche die Seele auf ihrer Reise wandert.

Kabir Sahib aus Indien verfaßte einen detaillierten Bericht über die verschiedenen Ebenen der Existenz, in welche eine Seele nach dem Tod geht. Die drei unteren Regionen umfassen die physischen, astralen und kausalen Bereiche, die aus einer Mischung von Materie und Bewußtheit bestehen und der Auflösung unterliegen. Zu den höheren spirituellen Regionen, die ewig sind, zählen die Suprakausalebene und eine spirituelle Ebene, die als Sach Khand oder Wahres Reich bekannt ist, von dem Gott ausgeht. Die Seele wandert durch eine Reihe von Leben, bis sie diesem Kreislauf entrinnt. Wenn sie sich über die drei niedrigeren Ebenen erhebt, befindet sie sich jenseits des Gesetzes des Karmas, wonach man für jeden Gedanken, jedes Wort und jede Tat belohnt oder bestraft wird. Falls sich die Seele über die drei unteren Welten erheben kann, betritt sie die rein spirituellen Reiche, in denen sie mit dem Herrn eins wird und ewiglich in Glückseligkeit und Liebe lebt.

Guru Nanak und die Sikh-Gurus glaubten auch an diese Reise der Seele nach dem physischen Leben. Sie sprachen davon, daß eine Abrechnung für all unsere Taten erfolgt. Das heilige Buch der Sikhs, der Adi Granth, berichtet über den Vorgang des göttlichen Gerichts:

Nachdem du dieses Leben verläßt,
wird Gott Rechenschaft für deine Taten verlangen,
die in Seinem Buch aufgezeichnet sind.
Wer sich dem entziehen möchte, wird vor das Gericht gerufen.
Azrael, der Engel des Todes, wird über diesen schweben,

und in einer Sackgasse gefangen, werden sie keinen
Ausweg finden.
Nanak sagt, Falschheit muß zerstört werden;
Wahrheit wird am Ende obsiegen.
(Adi Granth, Ramkali-ki-Var, M.1, S. 953)

Das Jap Ji, verfaßt von Guru Nanak, berichtet über höhere Reiche jenseits dieser Welt. Die Sikhs glauben, daß die Wiederholung der fünf Namen Gottes (Panch Nama), wie sie von ihrem Guru gelehrt werden, ein Weg ist, um dem Kreislauf von Geburt, Tod und Wiedergeburt zu entkommen und Erlösung oder Verschmelzung der Seele mit dem Göttlichen zu erlangen.

Die Sufis glauben ebenfalls daran, daß die Seele unsterblich ist und daß die Wiederholung oder der «Zikr» der heiligen Namen Gottes eine Seele befreien kann und zu ihrer Erlösung und Einheit mit Gott führt. Maulana Rumi beschreibt die Reise der Seele so:

Ich starb als Pflanze und wurde Tier,
Ich starb als Tier und wurde Mensch.
Was sollte ich also fürchten?
Wann war ich weniger durch den Tod?
Und nun werde ich noch einmal als Mensch sterben,
um mich zu erheben mit den gesegneten Engeln.
Doch selbst vom Sein der Engel muß ich weiter hinauf,
denn alles außer Gott vergeht.
Wenn ich meine Engelseele geopfert habe,
werde ich zu dem, was nie ein Geist erdacht.
Ach, laß mich nicht länger sein,
denn Nicht-Sein verheißt in Orgelklängen:
«Zu Ihm kehren wir heim».

Das buddhistische Tibetanische Totenbuch oder «Bardö Thödöl» (Befreiung durch das Hören auf der Nach-Tod-Ebene) beschreibt die Unsterblichkeit der Seele und ihre Reise nach dem Tod. Es enthält detaillierte Anweisungen, wie man Verwirklichung erlangen und somit dem Kreislauf der Geburten und Tode entrinnen kann. Dieses Werk wird beim Tod verlesen und dient als Leitfaden für den scheidenden Geist. Die Seele des Verstorbenen verbringt eine bestimmte Zeit im Bardo, in der Nähe der irdischen Ebene, wo sie sowohl schöne als auch erschreckende Szenen sieht, die von der bewußten Substanz der Seele projiziert werden. Das Vorlesen aus diesem Buch durch Lebende – was die Seele im Bardo hören können soll – leitet die Seele bei der Reaktion auf jede einzelne Szene, damit sie sich nicht in deren Anblick verfängt. Das Lesen aus dem Buch erklärt der Seele, daß sie vermeiden soll, sich in diesen Szenen zu verlieren, indem sie sich auf das «klare Licht der Leere» konzentriert, das jenseits der verschiedenen Szenen leuchtet. Durch Konzentration auf das Licht soll die Seele Befreiung vom Kreislauf der Wiedergeburten erlangen und mit der Quelle eins werden.

Wenn sie das (die Konzentration auf das Licht) nicht vermag, wird die Seele einem Gericht unterzogen, bei dem sie das Karma aus diesem Leben betrachtet. Dann wird die Seele den Lohn oder die Strafe für ihre Taten in Empfang nehmen. Sie könnte für eine Weile in einen Bereich kommen, welcher der Astralebene ähnlich ist, oder sie könnte in eine der Höllen gelangen. Eine Seele, die sich nicht durch Versenkung in das Licht befreit hat, ist somit im Kreislauf der niederen Welten verloren oder kehrt auf die Erde zurück und wird auf Grundlage ihres Karmas wiedergeboren. Der Kreislauf setzt sich fort, bis man ihm mit Hilfe eines erleuchteten Lehrers entkommt, der die Seele lehrt, wie sie in das strahlende Licht vertieft bleiben kann, um so die unteren Regionen zu durchqueren und einen Zustand des Nirvana, eine spirituelle Stätte, zu erreichen.

Christliche und jüdische Mystiker sprechen ebenfalls von der Unsterblichkeit der Seele und von Regionen jenseits dieser Welt. Theresa von Avila, Katharina von Siena, Johannes vom Kreuz, um nur einige zu nennen, erfreuten sich göttlicher Offenbarungen, die ihnen einen Beweis dafür erbrachten, daß die Seele über das menschliche Leben hinaus besteht.

In der Tradition der Indianer glauben die Hopi, daß sie nach dem Tode die Geister ihrer bereits verstorbenen Lieben treffen, sofern sie ein Leben führen, bei dem sie ihr Herz rein halten und anderen gegenüber Güte und Großzügigkeit zeigen. Wer kein gutes Leben führt, wird von Hexen namens «Zwei Herzen» mitgenommen und in das Land der Zwei Herzen geführt, das voller Übel ist.

Auch die Theosophie enthält Lehren über die Unsterblichkeit der Seele. Nach ihrer Kosmogonie gibt es verschiedene Ebenen in der Astralebene, und die Seele wird in eine der höheren Bereiche gebracht, je nach ihrem Leben in dieser Welt. Die untersten Ebenen sind für Verbrecher und Menschen, die Übles getan haben. Die mittleren Zwischenebenen sind für Menschen, die weltlichen Vergnügungen frönten oder von selbstsüchtigen Motiven geleitet waren. Die höchsten Ebenen sind für die intellektuellen und solche Menschen, die nicht besonders spirituell waren.

Jenseits der Astralebene, so glauben die Theosophen, gibt es eine mentale Ebene, wohin die Seelen gehen, wenn sie ihren Astralkörper verlassen. Diese Ebene mit ihren sieben Unterebenen nennen sie Devachan, sie ist auch als «Himmels-Welt» bekannt. Die vier untersten Bereiche sind die mentale Ebene, die drei höheren Unterebenen die Kausalebene. Diese Ebenen sind, wie es heißt, jenseits von allem, was wir auf Erden kennen, und können in keiner Sprache und mit keinen Worten, die der menschliche Verstand kennt, angemessen beschrieben werden. Es sind Reiche der Glückseligkeit und des Wissens, eine Belohnung für die guten Taten der Seele.

Die letzte Stufe ist nach den Theosophen Nirvana oder Vereinigung mit dem Herrn. Die Seelen, die den Kreislauf der Geburten und Tode fortsetzen, müssen einen Zustand des Vergessens durchlaufen, um die Erinnerungen an ihren Aufenthalt in den inneren Regionen auszulöschen, bevor sie in das weltliche Leben zurückkehren.

Solche Berichte über die Unsterblichkeit der Seele sind sich nicht zufällig so ähnlich. Hinter den Offenbarungen aller Heiligen, Mystiker und erleuchteten Wesen, die im Verlauf der Zeitalter in diese Welt kamen, liegt eine Wahrheit. Die Frage ist nun, ob es irgendwelche Nachweise gibt, welche die moderne Wissenschaft anerkennt, um die Entdeckungen der Religionsgründer der Vergangenheit zu bestätigen.

Nahtod-Erfahrungen

Ein neuer Forschungsbereich, der sich seit den 70er Jahren aufgetan hat, scheint einige Berichte zu bestätigen, die uns die Heiligen und spirituellen Lehrer der Vergangenheit hinterlassen haben. Ein Arzt namens Dr. Raymond Moody fand heraus, daß Patienten, die klinisch tot waren, aber durch die Wunder der modernen Medizin wieder ins Leben zurückgeholt wurden, alle sehr ähnliche Erfahrungen machten. Viele von ihnen berichteten, wie sie sich an einem höheren Punkt im Raum, beispielsweise an der Decke, wiederfanden und auf ihren Körper herunter schauten. Sie konnten die Ärzte beobachten, die versuchten, sie wiederzubeleben, und die Gespräche im Raum mitverfolgen. Manche stellten fest, daß sie durch Wände in den Warteraum gleiten konnten, wo sie ihre Verwandten sahen und hörten. Und später, nachdem der Patient wiederbelebt worden war, bestätigten Verwandte und Freunde die Richtigkeit der wahrgenommenen Gespräche.

Dann fühlten sich diese Menschen durch einen langen Tunnel gezogen, an dessen Ende ein strahlendes Licht leuchtete. Obwohl das Licht sehr hell war, heller und strahlender als alles, was sie jemals auf Erden gesehen hatten, blendete es nicht; es war eher ein warmes Licht, das sie als Licht voller Liebe beschrieben.

Vielen begegnete ein Lichtwesen, das sie mit einer Liebe umhüllte, die größer war, als sie jemals auf Erden erlebten. Daraufhin hatten viele die Erfahrung einer Lebensrückschau, bei der alles, was sie im Leben getan hatten, vorbeizog. Sie konnten nicht nur die Ereignisse sehen, sondern erfuhren auch, was die anderen Menschen dabei dachten und fühlten.

Wenn sie also etwas Verletzendes getan hatten, konnten sie den Schmerz, den sie der anderen Person zugefügt hatten, spüren. Wenn sie etwas Liebevolles getan hatten, konnten sie die Freude der anderen fühlen.

Als Ergebnis dieser Lebensrückschau ereignete sich bei den meisten eine Transformation. Nachdem sie die Schwelle ins Jenseits überschritten hatten, erkannten sie, daß es nicht darauf ankommt, wieviel Geld sie verdienten, wieviel Besitz sie angehäuft hatten, welche Machtposition sie innehatten oder ob sie berühmt waren oder nicht; es zählte nur, wie liebevoll sie mit anderen umgingen. Liebe war der wichtigste Wertmaßstab in ihrem Leben.

Als sie dann wieder in ihren Körper zurückkehrten und eine Bilanz ihres Lebens zogen, waren sie oft verwandelt. In vielen Fällen bemühten sie sich, ein liebevollerer, fürsorglicherer und netterer Mensch zu sein. Auch sprachen sie darüber, daß sie vor die Wahl gestellt wurden, ob sie im Jenseits bleiben oder wieder zurückkehren wollten. Viele von ihnen erlebten so viel Glückseligkeit im Jenseits, daß sie nicht wiederkommen wollten. Doch schließlich wurde ihnen mitgeteilt, daß ihr Leben in der Welt nicht vorbei wäre und sie zurück müßten. An diesem Punkt stellten sie fest, daß sie in ihren Körper zurückgezogen wurden. Von diesem Augenblick an waren alle medizinischen Wiederbelebungsversuche erfolgreich, und ihr Herzschlag und der Atem setzten plötzlich wieder ein.

Wie bereits erwähnt, berichteten – nach Feststellung einer Meinungsumfrage aus dem Jahr 1982 – über acht Millionen Menschen in Amerika von einer Nahtod-Erfahrung. Diese beträchtliche Zahl ließ viele Ärzte und Wissenschaftler aufhorchen. Dr. Raymond Moodys Buch «Das Leben nach dem Leben» und Dr. Melvin Morses Werk über Nahtod-Erfahrungen von Kindern richteten das öffentliche Augenmerk auf diese Phänomene. Die Medien widmeten sich ebenfalls diesem Thema, und so kamen viele Bücher, Fernsehprogramme, Seminare und sogar Filme über derartige Erfahrungen heraus.

Beweisen Nahtod-Erfahrungen die Existenz der Seele? Sie sind zumindest ein Beweis für jene Menschen, die sie selbst hatten. Ihre Berichte bestätigen vehement die Existenz eines jenseitigen Lebens; tatsächlich erklären viele, daß diese Erfahrungen von einer Lebendigkeit waren, die sich viel realer als ihr weltliches Leben darstellte.

Daß die Unterhaltungen, die in ganz anderen Räumen gehört wurden, als die sterbende Person gelegen war, bestätigt wurden, mitunter sogar Gespräche von Verwandten in anderen Bundesstaaten, wohin die Seele offensichtlich auf einen Besuch reiste, beseitigte Zweifel der betreffenden Personen und überzeugte auch die Verwandten.

Wie können wir die Unsterblichkeit der Seele erfahren?

Es besteht auch eine auffallende Übereinstimmung in all den Berichten über die Reise der Seele, die von den Erleuchteten der verschiedenen Weltreligionen stammen. Der rote Faden darin ist der Glaube, daß die Seele nach dem Abschied vom physischen Körper weiterlebt, einem Gericht unterliegt, bei dem die guten und schlechten Taten belohnt bzw. bestraft werden, daß die Seele je nach den Handlungen in einen Himmel oder eine Hölle gelangt und schließlich eine Stufe der Einheit mit dem Herrn oder der Quelle erreicht.

Auch besteht eine Ähnlichkeit zwischen diesen Berichten und den Aussagen der Menschen mit Nahtod-Erfahrungen. Ihre Beschreibungen scheinen mit den Schriften übereinzustimmen, welche die ersten Augenblicke schildern, wenn eine Seele den Körper verläßt. Die Nahtod-Erfahrungen führen uns nur an die Schwelle zu den inneren Bereichen. Da aber die Berichterstatter nicht für immer starben, endete ihre Reise dort.

Obwohl uns die Berichte der Heiligen und der heute lebenden Personen mit Nahtod-Erfahrungen vielleicht Hoffnung und Inspiration geben, können sie allein uns nicht als Beweis dienen. Sie stellen vielmehr Wissen aus zweiter Hand dar. Der wahre Beweis stellt sich für uns erst dann ein, wenn wir selbst die Unsterblichkeit der Seele erfahren.

Wir brauchen jedoch nicht das Trauma einer Nahtod-Erfahrung zu erleben, um herauszufinden, was im Jenseits liegt; wir können die Unsterblichkeit der Seele erfahren, wenn wir uns nach innen wenden. Und dies können wir lernen, wenn wir untersuchen, wie die Heiligen und Mystiker der verschiedenen Religionen ihre innere Reise unternahmen. Wir können ihre Techniken erlernen und selbst praktizieren. An späterer Stelle im Buch werden einige praktische Techniken vorgestellt, die uns helfen können, mit der inneren Reise zu beginnen.

Übung

Setzen Sie sich in einem entspannten, meditativen Zustand hin. Versuchen Sie, Ihren Körper zu vergessen und alle Gedanken zur Ruhe zu bringen. Sitzen Sie in einem Zustand, in dem Sie einfach nur da sind. Welcher Teil von Ihnen ist bewußt, wenn Gemüt und Körper ruhig sind? Lassen Sie alle Spannungen und Probleme los. Lernen Sie, jeden Tag eine bestimmte Zeit zu verbringen, in der Sie einfach nur da sind. Wenn Sie später die Meditationstechniken kennenlernen, werden Sie sich daran gewöhnen, in einem Zustand der Stille zu sitzen, und dies wird Sie darauf vorbereiten, die erweckte Seele im Inneren zu erfahren.

4. Bedingungslose Liebe

Wir möchten lieben und geliebt werden. Auf der Suche nach der vollkommenen Liebe gehen wir im Verlauf unserer Lebensreise vielleicht durch viele Beziehungen. Wir sehnen uns nach einer Liebe, die uns mit Wärme und Freude erfüllt. Wir suchen eine Liebe, in der wir so angenommen werden, wie wir sind, ungeachtet unserer Fehler. Wir möchten eine Liebe, die uns nicht verläßt. Wir wünschen uns eine Liebe, die für immer währt.

In unserem Leben erfahren wir viele Beziehungen – Beziehungen zwischen Eltern und Kindern, Geschwistern, Freunden, Liebenden und Ehepartnern. In jeder dieser Beziehungen suchen wir nach Erfüllung und sind enttäuscht, wenn etwas schiefläuft. Wir erwarten, daß sich die Liebe in einer Beziehung auf eine bestimmte Art zeigt, und sind enttäuscht, wenn diese Erwartungen nicht erfüllt werden. Während wir in manchen Beziehungen die Herausforderungen bestehen und dadurch eine stärkere Verbindung knüpfen, brechen wir in anderen Fällen die Beziehung ab.

Selbst wenn wir eine wunderbare Beziehung zu jemandem finden, verlieren wir möglicherweise die geliebte Person durch Krankheit, Trennung oder Tod. Wir fragen uns dann, ob es irgendeine Liebe gibt, die von Dauer ist? Gibt es eine Liebe, die keine Trennung und kein Ende kennt?

Die Antwort lautet: Ja. Es gibt eine dauerhafte, ewige Liebe in der erwachten Seele. Eine bedingungslose Liebe erwartet uns im Inneren. Sich mit dieser Liebe zu verbinden, hüllt uns in Wärme, Freude und Ekstase.

Gibt es eine Liebe, die größer ist als jede Liebe in dieser Welt?

Liebevolle Beziehungen spiegeln die Liebe der erwachten Seele wider. Zur tiefsten Liebe, die wir in dieser Welt kennen, zählt die Liebe von Eltern für ihr Kind. Wenn wir das Glück hatten, die Liebe unserer Eltern zu erfahren, können wir uns vielleicht daran erinnern, wie sehr sie sich um uns kümmerten. Sie arbeiteten hart, um Geld für unsere Ernährung, Bekleidung, Unterkunft, ärztliche Hilfe, Ausbildung und Spielsachen zu verdienen. Sie verbrachten viel Zeit damit, um uns zu erziehen. Wenn wir in einem Sportverein mitmachten, sahen sie uns vielleicht bei einem Spiel zu. Bei einer Schulveranstaltung nahmen sie sich die Zeit, um sie zu besuchen. Auch wenn wir keine liebevolle Beziehung hatten, trug uns unsere Mutter dennoch neun Monate lang in ihrem Schoß und nahm die Schmerzen der Geburt auf sich, um uns zur Welt zu bringen.

Als Erwachsene haben wir vielleicht eine romantische Liebe erfahren. Wir haben uns in jemanden verliebt und waren in der Glückseligkeit dieser Liebe verloren. Wir erlebten, daß all unsere weltlichen Probleme und Sorgen in der Gemeinschaft mit der geliebten Person verschwanden. Die Zeit schien dahinzufliegen, und wir waren vielleicht stundenlang in Gespräche vertieft und blickten einander in die Augen. Die romantische Liebe machte uns blind für unsere Unvollkommenheiten und Fehler.

Falls wir später selbst zu Eltern wurden, erfuhren wir eine neue Art von Liebe. Wir waren vermutlich von dem Gefühl der Liebe überwältigt, als wir unser Baby in den Armen hielten und in seine Augen schauten. Wenn das Baby seine winzigen Finger um unsere Hand wickelte, erfüllte uns dies mit einem unbeschreiblichen Gefühl der Wärme. Wir erkannten vielleicht schließlich, wieviel Liebe unsere eigenen Eltern für uns empfunden haben. Kein Opfer war uns zu groß, um sicherzustellen, daß unser Kind die beste Nahrung, die beste Kleidung und die schönsten Spielsachen erhielt.

Diese Liebesbeziehungen im Äußeren sind nur eine geringe Widerspiegelung jener großen Liebe, die in unserer Seele besteht. Wenn wir die allergrößte Liebe, die wir in dieser äußeren Welt kennen, verzehnfachen oder verhundertfachen, gewinnen wir eine Ahnung von der Liebe, die uns im Inneren erwartet.

Dem inneren Geliebten begegnen

Lesen Sie irgendeinen Bericht über eine Nahtod-Erfahrung, und Sie werden einen Einblick in die große Liebe gewinnen, die innen auf uns wartet. Viele beschreiben eine Begegnung mit einem Lichtwesen, von dem mehr Liebe ausging, als sie jemals auf dieser Erde erfuhren. Es war eine allumfassende Liebe, die jede Pore ihres Wesens durchdrang. Der Empfänger dieser Liebe war mit göttlicher Süße und Berauschung erfüllt, die er nicht mehr aufgeben wollte.

Das Lichtwesen half der Person oft, Rückschau auf alle guten und schlechten Taten im Leben zu halten. Ganz gleich, wie schlecht jemand gehandelt hatte, das Lichtwesen überschwemmte diese Person dennoch mit bedingungsloser Liebe. Zum ersten Mal im Leben fühlte sich dieser Mensch bis in den innersten Kern seines Wesens geliebt.

Obwohl die Liebe des Lichtwesens größer ist als alles, was viele Menschen auf Erden fühlen, ist auch sie nur ein Teil einer noch größeren Liebe – der Liebe Gottes. Die Liebe Gottes liegt jenseits aller Vorstellung. Die Liebe des Lichtwesens ist ein Tropfen der göttlichen Liebe. Die Seele ist ein Tropfen derselben Liebe. Der göttliche Funken in uns allen ist verkörperte Liebe. Sein wahres Wesen ist Liebe. Diese unendliche Liebe tragen wir in uns.

Wie erfahren wir vom Ausmaß dieser Liebe? Jeder Heilige, jeder Mystiker und Prophet, jede erleuchtete Seele spricht von der göttlichen Liebe. Lesen Sie die Worte von Christus, Mohammed, Buddha, Mahavira, Guru Nanak, Kabir, Mira Bai, Rabia Basri, Baba Farid, Theresa von Avila, Johannes vom Kreuz und zahlreichen anderen, und Sie werden Beschreibungen dieser bedingungslosen Liebe lesen, mit der wir in Verbindung kommen, wenn wir unsere Seele erkennen.

Die Sufis bezeichnen Gott als den Geliebten. In der mystischen Dichtung und den heiligen Schriften werden oft die Begriffe des bzw. der Liebenden und des Geliebten verwendet, um die Seele und Gott zu beschreiben. Während es den Anschein hat, als gäbe es zwei Wesen, die bzw. den Liebenden und den Geliebten, wird am Höhepunkt ihrer Offenbarungen enthüllt, daß sie ein- und derselbe sind. Die Seele und Gott sind dem Wesen nach eins.

Die Entdeckungsreise führt die Seele von ihrem Glauben, von Gott getrennt zu sein, zu ihrer höchsten Erleuchtung, in der sie erkennt, daß sie eins ist mit Gott. Die mystische Reise ist die Geschichte der Trennung der Seele von Gott bis zur Wiedergewinnung der Gemeinschaft mit Gott und der Vereinigung mit Ihm. Wenn wir uns also mit unserer erweckten Seele verbinden, tauchen wir eigentlich hinein in das Meer der Liebe des Herrn.

Katharina von Siena, eine christliche Heilige, vermittelt uns ihre Vision der mystischen Hochzeit. Von Kindheit an war sie mit vielen inneren göttlichen Visionen gesegnet, und eine davon enthüllte ihr, daß sie dem Herrn verlobt sei. Im Jahre 1366 sagte eine Stimme zu ihr: «Heute werde ich mit dir feierlich das Fest der Verlobung deiner Seele feiern, und wie versprochen, werde ich dich sogar mit Mir im Glauben vermählen.» Dann hatte sie eine Vision, in der die Mutter Maria Katharinas rechte Hand nahm und sie zu Christus führte, um sie mit Ihm zu verheiraten.

Christus nahm daraufhin einen goldenen Ring mit vier Perlen, die einen herrlichen Diamanten umschlossen. Er steckte den Ring an Katharinas Finger und sagte: «Ich verheirate dich mit Mir.» Er wies sie an, die Arbeit zu tun, die Er ihr in die Hand legen würde. Er erklärte ihr, daß sie nun mit der Stärke des Glaubens erfüllt sei und glücklich alle Schwierigkeiten überstehen werde. Die Erscheinung verschwand, doch von diesem Tag an sah Katharina immer den Ring an ihrem Finger.

Ein deutscher Mystiker des Dominikanerordens aus dem vierzehnten Jahrhundert namens Seuse, Schüler von Meister Eckhart, war ebenfalls mit Visionen des Herrn gesegnet. So beschrieb er, wie er sich einmal von himmlischen Geistwesen umgeben sah. Einen der strahlendsten fragte er: «Zeige mir, wie Gott in meiner Seele wohnt.»

Der Engel erklärte ihm: «Richte deine Augen froh auf dein Selbst und beobachte, wie Gott das Spiel der Liebe mit deiner liebenden Seele spielt.» Seuse schaute schnell nach und sah, daß die Herzgegend seines Körpers rein und transparent wie ein Kristall war. Er sah göttliche Weisheit friedlich in der Mitte seines Herzens thronen. Nächst der göttlichen Weisheit ruhte seine Seele liebend auf der Brust Gottes. Gott umarmte ihn und drückte ihn an Sein Herz. Seuses Seele blieb lange Zeit vertieft und berauscht von der Liebe in den Armen Gottes.

Bei den Sufis finden wir die Worte von Maulana Rumi in seinem «Fest des Frühlings»:

Meine Seele hat sich mit Deiner süßen Seele verbunden,
wie sich Wasser mit Wein vermischt.
Wer kann den Wein und das Wasser trennen,
oder Dich und mich, wenn wir vereint sind?

Du wurdest mein größeres Selbst;
kleine Grenzen können mich nicht mehr binden,
Du hast mein Sein aufgenommen,
werde ich nun Deines aufnehmen?
Du hast mich für immer gestärkt,
daß ich Dich immer als mein erkenne.
Deine Liebe hat mich völlig durchbohrt,
ihre Schauer entspringen Mark und Bein.
Ich ruhe wie eine Flöte, die an Deinen Lippen liegt,
wie eine Laute lehne ich an Deiner Brust.
Atme tief in mir hinein, damit ich seufze,
Doch schlage meine Saiten, und Tränen werden glänzen.
(Aus «Festival of Spring», S. 426)

Die menschliche Sprache versagt, wenn es gilt, die innere Begegnung der Seele mit ihrer Quelle angemessen zu schildern. Daher müssen Mystiker und Heilige auf die naheliegendste Analogie zurückgreifen, auf die Vereinigung der Liebenden mit dem Geliebten. Es ist eine Begegnung, welche die Seele verzückt und mit einer wundersamen Berauschung erfüllt, die jeden Teil ihres Seins durchdringt.

Berauschung der Liebe

Oft ist die Verzückung der Liebe, die die Seele erfährt, so groß, daß man in einen Zustand gelangt, der als die Trunkenheit der Liebe bekannt ist. Die Seele ist in einem grenzenlosen, brennenden Verlangen nach Vereinigung mit dem Geliebten entflammt. Jede Trennung ist so schmerzvoll wie ein Messer, welches das Herz entzwei schneidet. Der mystische Dichter-Heilige Sant Darshan Singh schrieb Tausende von Versen wie den folgenden über den Zustand der allumfassenden Liebe zwischen der Seele und Gott:

Ich habe keinen Freund außer meinem Geliebten,
ich habe keine Arbeit außer seiner Liebe.

So wie ein Liebender Tag und Nacht in Gedanken an seine Geliebte versunken ist, wird die Seele in diesem Zustand gefangen, nachdem sie zum ersten Mal von der Vereinigung mit dem Herrn und der durchdringenden Liebe Gottes gekostet hat. Über die Glückseligkeit, beim Geliebten im Inneren zu sein, schreibt Sant Darshan Singh:

Sooft ich von der Erde zur Milchstraße reiste,
Begegnete ich Liebe bei jedem Schritt und Schönheit in
jedem Blick.

Wenn wir lieben, wird die Welt und unser Leben schön. Alles nimmt eine Lebendigkeit und Fülle an, die wir bisher nicht gesehen hatten. In der Gegenwart des Geliebten verwandelt sich unsere Welt in Schönheit, wie Sant Darshan Singh sagte:

Die herbstlichen Pfade begannen plötzlich zu blühen
und zu blühen,
Wohin sich der Geliebte auch wendet, ist nur Frühling.

Was bedeutet es für die Seele, in der Liebe zu ihrem Geliebten Herrn verloren zu sein? Es ist schöner, als mit dem weltlichen Geliebten in Gärten voller tanzender Fontänen zu wandeln, umgeben von Myriaden duftender Blumen. Es ist lieblicher, als an einem Hügel zusammen zu sitzen und die leuchtenden Farben der untergehenden Sonne zu beobachten. Es ist friedvoller, als an einem ruhig fließenden Bach in einem kühlen Wald zu sitzen. Es ist erhebender als die schluchzenden Klänge der Geige und die engelhaften Töne der Harfe. Es ist, wie wenn man von Kopf bis Fuß von göttlicher Liebe durchdrungen ist.

Die Seele liebt alles bedingungslos

Mit der Berauschung und Trunkenheit dieser Liebe geht ein anderer Aspekt einher: Diese Liebe ist bedingungslos. Sie kennt keine Unterschiede, keine Vorurteile, keine Getrenntheit. Unsere Seele wird vom Herrn bedingungslos geliebt. Wir wiederum können diese Liebe spiegeln und bedingungslose Liebe an alle ausstrahlen, denen wir begegnen.

Es gibt wenige Beispiele bedingungsloser Liebe in unseren Alltagsbeziehungen. Auch bei den großartigsten Liebesbeziehungen in dieser Welt gibt es anscheinend immer einige Bedingungen, die damit verknüpft sind. In der Liebe der Eltern für ein Kind bestehen Erwartungen. Die Eltern möchten, daß sich das Kind auf eine bestimmte Art und Weise verhält. Wenn das Kind erwachsen ist und die Eltern alt sind, erwarten sich die Eltern vielleicht, daß sich das Kind um sie kümmert. Damit ist die Liebe nicht völlig frei von Bedingungen. Bei der Liebe zwischen Liebenden und zwischen Ehegatten besteht immer eine gewisse Erwartung, daß uns der Partner glücklich macht. Wir möchten, daß uns der Geliebte die Erfüllung schenkt, nach der wir uns sehnen. Wenn das Verhalten des Geliebten unsere Erwartungen nicht erfüllt, beginnen wir vielleicht zu debattieren und zu streiten, und manchmal brechen wir die Beziehung sogar ab.

Die Seele liebt bedingungslos, weil Gott bedingungslos liebt. Die Seele und Gott sind ein und dasselbe. Wenn wir in unsere Seele eintauchen und die Welt durch ihre Augen betrachten, können wir nicht nur bedingungslos lieben, sondern spüren auch die bedingungslose Liebe Gottes für uns. Die Sonne macht keinen Unterschied dabei, auf welche Blumen sie scheint. Sie spendet allen gleichermaßen ihr Licht. Daher erhalten Rosen, Veilchen, Tulpen und Unkraut dasselbe Licht.

Genauso ist es mit der Liebe Gottes. Sie leuchtet auf uns alle, ob Mann oder Frau, Hindu oder Muslim, Christ oder Jude, Sikh, Parse oder Jain. Sie scheint auf uns aus, egal welche Farbe unser Haar, unsere Haut oder unsere Augen haben. Wenn wir unsere Seele erfahren und beginnen, uns damit zu identifizieren, können auch wir in der Liebe zu allen Menschen wachsen.

Franz von Assisi ist für seine Liebe für alle Lebewesen wohlbekannt. Dennoch heißt es, daß er in seinen frühen Jahren Schwierigkeiten hatte, seine Gefühle gegenüber Leprakranken auszudrücken. Er hatte Angst vor ihnen und wich ihnen aus. Eines Tages, als er die Straße entlang ging, kam ihm ein Leprakranker entgegen. Seine erste Reaktion war, eine andere Richtung einzuschlagen. Was ihn störte, war nicht so sehr der Anblick eines Leprakranken, sondern seine eigene Unfähigkeit, diese Person zu lieben. Er wußte, daß er die bedingungslose Liebe Gottes nicht repräsentierte, wenn er den kranken Mann mied. In einem Versuch, seine Schwäche zu überwinden, ging er einfach auf den Leprakranken zu, umarmte ihn und küßte ihn auf den Hals. Mit göttlicher Liebe erfüllt, ging er dann seines Weges. Als er sich nach einigen Schritten umdrehte, um dem Leprakranken nachzuschauen, war niemand mehr in Sicht. So erkannte er, daß Gott in Gestalt des Leprakranken zu ihm gekommen war, um ihn auf die Probe zu stellen, und er hatte seine Lektion bestanden. Franziskus hatte den Leprakranken durch das Herz seiner erwachten Seele betrachtet, und seit diesem Tag behandelte er alle Leprakranken und andere erkrankte Menschen mit der göttlichen Liebe seines Herzens.

Eine der beeindruckendsten Beschreibungen bedingungsloser Liebe finden wir in den Lehren Christi. Die Begründung des Christentums beruht auf der Grundlage von Liebe und Vergebung. Wie Christus sagte:

> *«Ihr habt gehört, daß gesagt worden ist: Du sollst deinen Nächsten lieben und deinen Feind hassen. Ich aber sage euch: Liebet eure Feinde, segnet die, die euch fluchen, tut Gutes denen, die euch hassen, und betet für die, die euch verleumden und verfolgen.»*
>
> (Matthäus 5, 43-44)

Die Welt braucht bedingungslose Liebe. So wie wir bedingungslos geliebt werden möchten, können auch wir die Menschen um uns herum bedingungslos lieben.

Wahre Liebe bedeutet, jeden zu lieben. Heilige und Mystiker weisen darauf hin, daß wir, wenn wir Gott wirklich lieben, wir alle Kinder Gottes lieben werden. Christus sagte:

> *«Wenn jemand sagt, er liebe Gott, aber seinen Bruder haßt, ist er ein Lügner; denn wer seinen Bruder nicht liebt, den er sieht, kann Gott nicht lieben, den er nicht sieht.»*
>
> (1 Johannes 4, 20)

Wenn wir uns mit der erwachten Seele verbinden, können wir für die äußerlichen Unterschiede blind werden, die durch Religion, Kultur, Hautfarbe oder Nationalität entstehen. Wir können alle als eine Familie in Gott betrachten, und wir können lernen, die Liebe unserer erwachten Seele auf alle zu richten, denen wir begegnen.

Überall Liebe sehen

Die Seele erkennt ihr eigenes Wesen der Liebe in jedem Lebewesen, in allem Leben selbst. Sant Darshan Singh schrieb in diesem Zusammenhang:

> *Er ist in jedem Instrument verborgen, in jedem Lied,*
> *in jeder Melodie.*
> *Die ganze Schöpfung spiegelt Seinen Glanz.*
> *Es gibt keine funkelnde Welle, keinen lodernden Stern,*
> *die ihren Glanz nicht Seinem Licht verdanken.*

Und Maulana Rumi sagte:

> *«Der Strom der Liebe, der von dem einen Gott ausgeht, fließt durch das gesamte Universum. Was denkst du, wenn du in das Gesicht einer anderen Person blickst? Betrachte es sorgfältig. Sie ist keine Person, sondern ein Strom vom Wesen Gottes, der sie durchdringt.»*

Von Krishna heißt es:

> *«Wer Meine Form in allem sehen kann, wer erkennt, daß es keinen Unterschied zwischen den verschiedenen Wesen gibt, ist tatsächlich der wahre Seher. Solch eine Person werde ich niemals vergessen.»*

Die Suche nach der inneren Liebe

Wie können wir zur berauschenden Liebe unserer erwachten Seele finden? Sie ist nicht auf den Sternen oder Berggipfeln oder tief unten im Meer zu finden. Sie befindet sich in uns. Kabir Sahib sagte:

> *In seinem Nabel ist das Moschus verborgen,*
> *doch das verwunderte Reh sucht danach im Wald.*
> *Genauso wohnt der Geliebte im Herzen,*
> *aber die Welt erkennt es nicht und sucht Ihn außerhalb des Selbst.*

Wir suchen Erfüllung in den Formen der Liebe in dieser äußeren Welt, die uns vielleicht vorübergehende Freude vermitteln. Doch neben den äußeren Formen der Liebe können wir eine immerwährende Freude erleben. Wir können die Liebe unserer erweckten Seele erfahren. Diese Liebe nimmt nichts von unseren liebevollen Beziehungen in der Welt fort, sie wird sie vielmehr bereichern. Wir werden unsere Familie, unseren Ehepartner und unsere Freunde weiterhin lieben. Der Unterschied besteht darin, daß wir die ganze echte Erfüllung und Berauschung erfahren können, wonach wir uns sehnen, wenn wir in den Zustand der bedingungslosen Liebe unserer Seele eintauchen. Wir hängen von niemand anderem mehr ab, der unsere Erwartungen erfüllen müßte. Wir können von innen her zufrieden sein und brauchen andere nicht, um Freude zu erfahren. Im Gegenteil werden wir unsere Liebe bedingungslos ausstrahlen. Anstatt nach Liebe zu verlangen, können wir Liebe geben. Dadurch werden all unsere Beziehungen liebevoller, harmonischer und friedlicher. Die

Spannungen und Ängste, die sich ergeben, wenn wir von anderen erwarten, unseren Bedürfnissen gerecht zu werden, können vergehen wie vorüberziehende Wolken. Vielmehr sind wir von innen her erfüllt und offen dafür, in unseren Beziehungen eine neue Fülle zu erleben.

Übung

Setzen Sie sich in einem meditativen Zustand hin. Entspannen Sie sich. Denken Sie an jemanden, den sie lieben, dessen Erinnerung Sie mit Frieden, Freude und Glück erfüllt. Spüren Sie dieser Liebe in sich eine Weile nach. Weiten Sie diese Liebe nun für andere aus. Strahlen Sie diese Liebe an Familienmitglieder, Freunde und Kollegen aus. Weiten Sie sie noch mehr für weitere Menschen in Ihrem Leben aus, für einzelne, für Menschen anderer Kulturkreise und Religionen oder für Menschen aus anderen Ländern. Mit zunehmender Praxis können Sie erfahren, wie Ihre Seele die ganze Welt liebt. In einer letzten Übung lassen Sie diese Liebe den gesamten Planeten umfassen.

5. Furchtlosigkeit

Furchtlosigkeit ist eine Eigenschaft der erwachten Seele. Unsere Seele lebt ständig in einem Zustand ohne Angst. Sie ist die Quelle aller Kraft und kennt keine Furcht. Wenn wir mit der Seele verbunden sind, können wir Zugang zu diesem Zustand von Furchtlosigkeit erlangen, so daß wir unseren Ängsten und Problemen mit neuer Selbstsicherheit, Vertrauen und Gelassenheit begegnen können.

Wir alle sehen uns Zeiten gegenüber, die selbst die stärksten Männer und Frauen fordern. Wir erleiden vielleicht einen Unfall mit schweren Folgen, die uns schwach und hilflos machen. Wir stellen vielleicht fest, daß sich unser Kind eine ernste Krankheit zugezogen hat, und wenn es uns um Hilfe anfleht, fühlen wir uns machtlos, weil wir seinen Schmerz nicht lindern können. Wir bringen vielleicht ein behindertes Kind zur Welt, das all unsere Geduld und all unseren Mut erfordert, um ihm durchs Leben zu helfen. Ein lieber Mensch erhält die Nachricht, daß er an einer tödlichen Krankheit leidet, und wir müssen seine letzten Tage an seiner Seite verbringen. Ein Feuer, eine Flut oder ein Wirbelsturm zerstört unser Haus und unseren gesamten Besitz. Die Firma, der wir dreißig Jahre lang gedient haben, baut Personal ab, und wir werden entlassen und wissen nicht, welchem Beruf wir nun nachgehen sollen. Wenige Menschen verbringen ihr Leben, ohne irgendwelchen Angriffen gegenüber zu stehen.

Das folgende Gleichnis über das Senfkorn erhellt, daß wir – ungeachtet davon, wie gut es uns im Moment geht – nicht erwarten können, den Hindernislauf des Lebens ohne Schwierigkeiten zu überwinden, die Mut erfordern. Eine Frau kam einst zu Buddha und weinte bitterlich, weil ihr Sohn gestorben war. Sie hielt den Leichnam ihres Kindes in den Armen und bat Buddha, dem Jungen wieder das Leben zu schenken. In seiner Weisheit erklärte ihr Buddha liebevoll, daß dies nicht möglich sei. Das Leben ist vergänglich, und früher oder später müssen wir alle sterben, sagte er zu ihr. Hartnäckig weigerte sie sich, diese Antwort zu akzeptieren, und flehte ihn leidenschaftlich an, ein Wunder zu vollbringen und ihren Sohn ins Leben zurückzuholen.

Buddha willigte schließlich ein und sagte:

«Gut, ich werde deinem Sohn das Leben wieder schenken, aber unter einer Bedingung.»

«Und was wäre das?» fragte die Frau.

«Ich werde es nur tun, wenn du mir aus einem Haus einen Senfsamen bringst, in dem die Familie noch nicht dem Tod ins Auge geblickt hat.»

In der Hoffnung, daß dies eine leichte Aufgabe sei, machte sich die Frau auf die Suche nach dem Senfkorn. Beim ersten Haus klopfte sie an der Tür, und ein Ehepaar fragte: «Was können wir für dich tun?»

«Mein Sohn ist gerade gestorben, und Buddha wird ihn ins Leben zurückrufen, wenn ich ihm aus dem Haus einer Familie, in der es noch keinen Todesfall gegeben hat, ein Senfkorn bringe.»

Die Frau des Hauses sagte voller Mitgefühl, aber auch voller Schmerz: «Wir haben gerade vor einigen Wochen unseren Vater verloren, unsere Ernte ist vernichtet und wir haben nicht genug, um unsere Kinder zu ernähren. Wir bedauern deinen Verlust, doch du bist an das falsche Haus geraten.»

Die Frau dankte ihnen und ging zum nächsten Haus. Sie verbrachte den ganzen Tag damit, von Haus zu Haus zu gehen und entdeckte, daß all ihre Nachbarn die eine oder andere Schwierigkeit und Sorge hatten. Einige Tage lang setzte sie ihre Suche fort. Sie fand kein einziges Haus, in dem nicht eine Leidensgeschichte berichtet wurde. Erschöpft und mit leeren Händen kam sie zu Buddha zurück. Sie erkannte, daß keiner für alle Zeit frei von Leiden ist und daß der Tod ihres Sohnes ein unausweichlicher Teil des Lebens war.

Herausforderungen sind ein Teil des Lebens

Viele von uns sind auf die Herausforderungen des Lebens nicht gefaßt. Oft stellen wir fest, daß wir in diesen Zeiten unter dem Druck zusammenbrechen. Wir kümmern uns vielleicht frohen Mutes um nahestehende Personen, die für ein paar Tage oder Wochen krank sind, doch wenn ihre Krankheit andauert und wir keine Veränderung feststellen, haben wir das Gefühl, daß die Belastungen des Lebens unseren Gleichmut und unsere Geduld erschüttern.

Probleme und Rückschläge fordern von uns oft ihren Tribut. Wenn wir unsere Arbeitsstelle verlieren, fühlen wir uns wahrscheinlich in den ersten Wochen ermutigt, schnell eine bessere Anstellung zu finden, doch nach Monaten vergeblicher Suche werden wir deprimiert und hoffnungslos. Wenn ein Kind einmal eine schlechte Note erhält, sind wir vielleicht enttäuscht, doch wenn dieses Kind Jahr für Jahr sehr schlechte Noten nach Hause bringt, sind wir entmutigt und frustriert.

Unsere Suche nach einem Lebenspartner macht uns unruhig, doch wenn wir nach Jahren noch immer nicht den richtigen Partner gefunden haben, entwickeln wir Angst mit all ihren körperlichen Symptomen. Andererseits erleben diejenigen, die in einer schlechten Ehe stecken und sich trennen möchten, genauso den Schmerz des Verlustes und alle damit verbundenen Spannungen.

Wir können die Herausforderungen des Lebens nicht beenden. Wir haben keine Macht über die äußere Welt. Wir können uns nicht sicher sein, niemals unsere Arbeit, unser Haus, unseren Wohlstand oder eine geliebte Personen zu verlieren. Wir werden weder Wirbelstürme noch Vulkanausbrüche, Erdbeben oder Hochwasser daran hindern können, Zerstörung zu bringen. Wir können auch das unvermeidbare Ende unseres physischen Lebens nicht verhindern. Alles, was wir tun können, ist, diesen Herausforderungen mit einer Einstellung von Furchtlosigkeit zu begegnen, damit wir nicht von Angst und Verzweiflung gelähmt werden.

Warum haben wir Angst?

Furcht erhebt sich aus Zweifeln und aus dem Unbekannten. Zweifel darüber, wie etwas ausgehen wird, öffnet das Tor zur Angst. Wenn wir an uns selbst zweifeln, fürchten wir uns davor, eine falsche Entscheidung zu treffen oder einen Fehler zu begehen. Wenn wir an unseren Fähigkeiten zweifeln, befürchten wir, in einem Wettkampf oder bei einer Prüfung zu versagen. Wenn wir daran zweifeln, wie etwas ausgeht, dann fürchten wir uns vor den Konsequenzen. Falls wir die Existenz einer kontrollierenden Kraft bezweifeln, leben wir in Angst vor zufälligen Ereignissen und Unfällen.

Unwahrheit führt ebenfalls zu Angst. Wenn wir lügen, leben wir in der Angst, daß die Lüge entdeckt wird. Wir müssen ein kompliziertes Netz an Lügen spinnen, um die erste Lüge zu verbergen. Die Anzahl der Lügen wird so groß, daß es sehr schwer wird zu verfolgen, was wir zu wem und wann gesagt haben. Anstatt die Situation zu bereinigen, indem wir die Wahrheit sagen, verbringen wir Wochen, Monate und sogar Jahre, indem wir Märchen erzählen, um die ursprüngliche Lüge verborgen zu halten. Jedesmal, wenn jemand der Wahrheit näher rückt, werden wir von Furcht ergriffen, daß die Lüge herauskommt und wir die Konsequenzen unserer Taten tragen müssen, die wir verstecken wollten.

Wir fürchten uns davor, schwach zu sein. Das kleine Kind auf dem Spielplatz der Schule fürchtet sich vor dem Rowdy. Jeden Tag, wenn das Kind von der Schule nach Hause geht, fürchtet es sich davor, von den größeren Kindern körperlich angegriffen zu werden. Im Berufsleben hat der Angestellte vor dem Arbeitgeber Angst. Der Arbeitgeber bestimmt unseren künftigen Lohn und hat Macht über den Arbeitsplatz. Wir fühlen uns vielleicht zu schwach und machtlos, um Ungerechtigkeiten in der Arbeit anzusprechen, weil diejenigen, die die Macht innehaben, darauf vielleicht mit Nachteilen oder Strafen für uns reagieren könnten.

Wenn wir unser Leben betrachten, stellen wir fest, daß wir uns vor vielen Dingen fürchten. Als Kinder fürchten und sorgen wir uns darüber, wie lange unsere Eltern noch leben werden, um uns zu erhalten. Als Studenten leben wir mit der Angst, unsere Prüfungen nicht zu bestehen. Als Eltern haben wir Sorge, ob unser Kind wohl gesund sein wird und zu einem guten Menschen heranwächst. Als Geschäftsinhaber machen wir uns Gedanken, ob uns die Konkurrenz nicht überholen wird. Jeder von uns fürchtet sich vor dem einen oder anderen Aspekt des Lebens. Doch hinter all diesen Ängsten verbirgt sich die Angst, die sich im Herzen von uns allen befindet – die Furcht vor dem Unbekannten.

Lord Mountbatten, der letzte britische Vizekönig und Generalgouverneur von Indien vor der Unabhängigkeit, fürchtete sich als Kind vor der Dunkelheit. Er zögerte immer, allein zu Bett zu gehen. Als ihn sein Vater fragte, wovor er Angst hätte, erwiderte der kleine Louis Mountbatten: «Ich fürchte mich nicht vor der Dunkelheit, sondern vor den Wölfen hier.» Als sein Vater erklärte, daß es keine Wölfe hier im Haus gebe, antwortete das Kind: «Es stimmt, daß keine hier sind, aber ich glaube, daß welche hier sind!»

Wir fürchten uns mehr vor unseren Gedanken, was sein könnte, als vor dem, was tatsächlich ist. Diejenigen, die sich vor dem Tod fürchten, haben eigentlich Angst vor dem Unbekannten. Wir alle wissen, daß wir eines Tages sterben müssen. Viele glauben, daß die Vernichtung des Körpers das Ende unserer Existenz sei. Diese Furcht verzehrt uns immer in der einen oder anderen Art und Weise.

Die Menschen fürchten sich vor dem Unbekannten, weil es unangenehm oder schmerzvoll sein könnte. Da sie nicht wissen, was sie erwartet, machen sich Angst und Furcht in ihnen breit. Es gibt viele, die durchaus an ein Leben nach dem Tod glauben. Was sie dann aber fürchten, ist die Ungewissheit, wie sie sterben und was sie zur Zeit des Todes erleben werden. Sie fürchten sich vor den Schmerzen des Todes. Die Angst vor dem Unbekannten zieht sich wie ein kontinuierlicher Gemütsfaden durch unser Leben.

Die Furchtlosigkeit der Seele

Unsere Seele, ein völlig bewußtes Wesen, ist ein Teil Gottes und daher ohne Angst oder Furcht. Da Gott allbewußt ist und die Seele eins mit dem Herrn ist, ist sie Gott in einem Mikrokosmos. Gott ist ohne jegliche Furcht, und auch die Seele ist ohne Angst. Nur dann, wenn wir nicht mit unserer Seele in Verbindung stehen, beginnen wir uns zu fürchten. Die Seele ist Wahrheit; die Seele ist völlig bewußt. Mit der absoluten Wahrheit verbunden zu sein bedeutet demnach, keine Furcht zu haben. Dann ist die Seele ohne jede Angst.

Die Seele hat durch ihre Eigenschaft der Weisheit Zugang zum Wissen über alles, was existiert. Es gibt nichts, was der Seele unbekannt bleiben müßte. Sie weiß, was ist und was sein wird. Was hat sie zu befürchten? Alle, die in Verbindung mit ihrer Seele standen – die Heiligen, Mystiker, Propheten und erleuchteten Wesen –, erlebten den Vorgang des Todes durch eigene Erfahrung. Und dieses Wissen hilft, die Angst vor dem Tod auszulöschen.

Die Heiligen erklären uns, daß nur der physische Körper stirbt. Da er aus Materie besteht, vergeht er – er zerfällt und wird schließlich zerstört. Doch unser wahres Selbst, unser Geist oder die Seele, ist ewig. Sie lebt für immer und ewig. Was wir in unserer Welt als Tod bezeichnen, ist nur ein körperlicher Tod. Für die Seele gleicht er nur dem Wechseln eines Gewandes. Das erste, was wir verstehen sollten, ist daher, daß unsere Seele ewig ist. Es gab sie am Anfang, sie besteht jetzt und sie wird immer sein. Die Frage nach der Zerstörung unserer Seele stellt sich überhaupt nicht; sie ist ewig. Wenn wir dies selbst erfahren können, wird eine der größten Ängste in unserem Leben, die Angst vor dem unbekannten Wesen des Todes, beseitigt.

Wahrheit kennt keine Furcht

Die Seele ist Wahrheit. Unwahrheit lebt in der Angst, offenbart zu werden. Mahatma Gandhi sagte oft: «Die Wahrheit wird am Ende immer obsiegen.» Wahrheit erobert alles. Wenn wir in der Wahrheit leben, haben wir nichts zu fürchten.

Wir mögen dies nicht erkennen wollen, doch es gibt Gesetze, die unser Universum regieren. Unwissenheit der Gesetze ist keine Entschuldigung. Wir denken vielleicht, andere täuschen zu können, uns selbst täuschen zu können, Gott täuschen zu können, doch wir werden mit solchen Handlungen nicht ungestraft davonkommen. Früher oder später kommt die Wahrheit ans Licht, und wir müssen die Konsequenzen unserer Handlungen tragen.

Wenn wir in die Zeitung schauen, lesen wir vielleicht, daß Diebe eine Bank ausrauben und nicht gefangen werden. Eltern lügen ihre Kinder an und umgekehrt. Wir nehmen vielleicht Geld von unserem Arbeitsplatz mit, das nicht uns gehört. Wir mögen unsere Lieben hintergehen. Wir geben vielleicht vor, Macht zu haben, die wir nicht haben, nur damit die anderen tun, was wir wollen. Wir manipulieren andere, damit wir erreichen, was wir wollen. Wir machen Versprechungen, die wir niemals zu halten beabsichtigen.

Es gibt zahlreiche Schattierungen von Unwahrheit, in die sich die Menschen verstricken. Doch letzten Endes wird uns die Wahrheit einholen – wenn nicht in diesem Leben, dann am Tag unseres Gerichts. Ganz gleich, welcher Religion wir angehören, wir müssen Rechenschaft für alle unsere Taten ablegen. Die Art, wie dieser Tag des Gerichts kommen wird, unterscheidet sich in den Beschreibungen von Religion zu Religion, doch all die verschiedenen Berichte zeugen von einer Wahrheit: Für jeden von uns kommt der Tag der Rechenschaft.

In der Wahrheit zu leben, befreit uns von Angst. Wir haben weder Angst davor, für die Unwahrheit Rechenschaft ablegen zu müssen, noch fürchten wir uns davor, bei einer Lüge ertappt zu werden. Der Gefangene, der für seine Missetaten aufgrund von Lügen, Täuschung und Unehrlichkeit eine bestimmte Zeit im Gefängnis verbracht hat, beschließt, ein reines Leben der Wahrheit zu führen. Wie befreiend ist dies für den früheren Kriminellen, jeden Tag aufzuwachen und das Leben zu genießen, ohne sich verstohlen umsehen zu müssen, in der Angst, gefangen zu werden. Der Mensch, der auf der Autobahn zu schnell fährt, steht immer unter Spannung und fragt sich, ob ihn die Polizei wegen seiner Verkehrsübertretung wohl aufhalten wird. Dieser Fahrer kann weder die Gegend noch die Unterhaltung im Auto genießen. Doch wer mit der erlaubten Geschwindigkeit fährt, braucht keine Angst zu haben. Diese Person kann sich ohne Angst im Nacken an allen Sehenswürdigkeiten entlang des Weges erfreuen, an der Musik im Radio oder am Gespräch mit anderen Fahrgästen.

Die Existenz der Seele ist Wahrheit. Wenn wir in die Seele eintauchen können, dann wird unser wahres Wesen, die Wahrheit, unser Leben leiten und uns von Angst befreien.

Sich desensibilisieren

Im medizinischen Bereich bedeutet desensibilisieren, einer Person eine kleine Dosis jener Substanz zu verabreichen, auf die sie allergisch ist. Indem der Körper lernt, kleine Dosen zu ertragen, wird er widerstandsfähig und kann auch mit größeren Dosen der irritierenden Substanz umgehen. Wenn wir beginnen, in kleinen Situationen Furchtlosigkeit zu praktizieren, können wir unsere Fähigkeit ausbauen, mit immer größeren Herausforderungen fertig zu werden. Um Furchtlosigkeit zu praktizieren, müssen wir mit unserer erwachten Seele in Verbindung kommen.

Übung

Erstellen Sie eine Liste aller Dinge, vor denen Sie sich fürchten. Versuchen Sie, Ihre Ängste zu analysieren, deren Wurzel zu ergründen und sie dann in Kategorien einzuteilen. Welche Ängste beruhen auf Zweifel oder darauf, daß man in Unwahrheit lebt? Welche gründen auf der Angst vor dem Unbekannten? Danach suchen Sie sich eine der kleineren Ängste heraus. Beginnen Sie, sich zu desensibilisieren, indem Sie eine der geringeren Ängste eliminieren. Die folgende Übung wird dabei helfen:

Setzen Sie sich meditativ hin, und entspannen Sie sich. Sie werden nun Ihrer Furcht begegnen, sind aber nicht allein dabei. Sie werden auf sie zugehen, allerdings als erwachte Seele, die eins ist mit Gott. Die erweckte Seele und Gott haben keine Angst. Sie sind furchtlos. Wenn Sie die von Ihnen gewählte Angst nun aus der Perspektive der erwachten Seele noch einmal erleben, erkennen Sie, daß Ihnen diese Situation diesmal nichts anhaben kann. Denn Ihre erweckte Seele, die eins mit Gott ist, ist stark und mächtig. Sie ist stärker als die Sache oder die Person, wovor Sie sich fürchten. Ihre Ängste lösen sich auf, wenn Sie ihnen mit der Kraft der erwachten Seele entgegentreten.

Erkennen Sie sich daran, daß es Ihre Seele ist, die diesen Herausforderungen begegnet. Wenn Sie sich mit Ihrer erweckten Seele verbinden, werden Sie alle Ängste überwinden können und in einem dauerhaften Zustand von Frieden und Sicherheit leben.

In diesem Zusammenhang gibt es eine Geschichte über einen Mann, der von einem wilden Löwen verfolgt wurde. Zu seinem großen Schreck fand sich der Mann am Rande einer Klippe wieder und konnte nirgendwohin ausweichen. Er sah unter sich einen Ast, und da er keine andere Möglichkeit hatte, sprang er von der Klippe, um den Ast zu ergreifen, und konnte dadurch dem Löwen entkommen. Er glaubte, so lange am Ast hängen bleiben zu können, bis sich der Löwe davongeschlichen hätte, doch unter Todesangst stellte er fest, daß eine kleine Maus am Ast nagte. Er blickte hinunter und sah, daß das Tal Hunderte von Metern unter ihm lag. So hing er da – der Löwe über ihm und der tiefe Abgrund unter ihm. Er wußte nicht, was er tun sollte, und so betete er zu Gott um Hilfe. «Ich werde alles tun, was Du von mir verlangst, wenn Du mir nur hilfst!» sagte der Mann. Er war erstaunt, die Stimme Gottes zu hören, die zu ihm sagte: «Du wirst alles tun, was ich verlange?» «Ja, Gott, aber bitte errette mich!» «Gut», sagte Gott, «laß den Ast los, und ich werde dich retten.» Der Mann dachte für einen Augenblick nach und erwiderte: «Gibt es außer Dir noch jemand anderen da oben, mit dem ich sprechen könnte?»

Auch wir möchten, daß Gott uns rettet, doch wir lassen nicht los und haben kein Vertrauen in Gott. Unsere Seele, die eins ist mit Gott, ist für uns da. Sie ist da, um uns durch die Schwierigkeiten des Lebens zu führen. Wir brauchen nur von unserem Ego und unserem Intellekt loszulassen und die furchtlose Seele die Herausforderungen meistern lassen. Dann werden wir feststellen, daß unser Leben von einem Gefühl der Sicherheit, Selbstvertrauen und Glauben erfüllt wird, und wir frei werden, um auf unserem Lebensweg ohne Furcht voranzuschreiten.

6. Verbundenheit

Menschen in aller Welt waren begeistert, als der Computer für Konsumenten zugänglich wurde, damit sie Informationen speichern und verarbeiten konnten. Doch in den letzten Jahren ist der modernen Technologie ein noch größerer Sprung gelungen. Mit einem kleinen Computer auf dem Schreibtisch zu Hause oder mit einem tragbaren Laptop können wir uns nun in das gesamte Wissen einwählen, welches auf anderen Computern verfügbar ist. Ein Computer kann uns heute von zu Hause aus mit den neuesten Nachrichten verbinden, mit Börsenberichten, Reisebüros, Einkaufsmöglichkeiten, den modernsten medizinischen Erfindungen und Informationen aus allen Wissensbereichen.

Die Vernetzung der Information, die wir durch Computer erleben, ist nur ein kleines Beispiel im Verhältnis zu den mächtigen Verbindungen, die wir mit unserer erwachten Seele eingehen können.

Die erweckte Seele erfährt eine universelle Verbundenheit mit allen Wesen. Wenn wir uns dieser einenden Kraft bewußt werden, können wir unsere grundlegende Einheit erkennen.

Überwinden der Getrenntheit

Mauern von Unterschieden trennen die Menschen voneinander. Wenn wir in einem bestimmten Teil der Erde geboren sind, sagen wir: «Ich bin ein Bürger dieses Landes oder jener Nation.» Wenn wir in eine bestimmte Religion geboren wurden, erklären wir: «Ich bin ein Anhänger dieser oder jener Religion.» Religionen sind von den Menschen geschaffen worden. Vor dem Buddha gab es keinen Buddhismus. Vor Jesus Christus gab es kein Christentum. Es waren die Anhänger der großen Heiligen, Mystiker und Propheten, die deren Lehren in einer Religionsform organisierten.

Oft werden wir durch den Glauben unserer Eltern zu Mitgliedern dieser Religionsgemeinschaft. Das Kind eines Hindu, das als Baby verwaist und von Christen adoptiert wird, wird ein Christ. Ähnlich ist es, wenn wir in einem bestimmten Staat oder Land zur Welt kommen: Wir übernehmen die Lebensweise, die von den Sitten dieser Region vorgeschrieben werden. Viele Menschen verehren zum Beispiel Gott durch ein Gebet. Doch die Art und Weise, wie sie beten, unterscheidet sich von Kulturkreis zu Kulturkreis. Bräuche werden sehr oft auch von geographischen Faktoren beeinflußt. Wenn es in Ländern beispielsweise viel Wasser gibt, waschen sich die Menschen vor ihren Gebeten die Hände. In Wüstengebieten hingegen, wo das Wasser knapp ist, wird es vielleicht zu einem Teil der religiösen Handlung, sich die Hände im Sand zu reiben. In klimatisch warmen Gebieten ist es Brauch, die Schuhe auszuziehen, bevor man einen heiligen Ort betritt, während es in einem kälteren Klima unpraktisch wäre, barfuß zu gehen.

Mit der Zeit heiligt man Riten, die aus klimatischen Gründen entstanden sind, und macht sie zu einem Teil des religiösen Gesetzes. Anstatt gegenüber anderen Religionen mit unterschiedlichen Bräuchen tolerant zu sein, benutzen Menschen diese Unterschiede als Grundlage für Vorurteile und Haß.

Ein weiterer trennender Faktor ist die Sprache. Wenn man in verschiedenen Religionen unterschiedliche Worte für dieselbe Sache verwendet, wird dies als Ausrede verwendet, um zu denken, die andere Religion sei nicht so gut wie die eigene. Jede Religion hat zum Beispiel ihre eigene Bezeichnung für Gott, je nach der Sprache oder Kultur, in der die Religion entstand. Gott wird bei den Moslems Allah genannt, Wah-i-guru bei den Sikhs, Paramatma bei den Hindus, Gott oder Herr bei den Christen und Jahwe, Elohim oder Adonai bei den Juden. Gleich in welcher Sprache, beziehen sich doch alle Worte auf denselben Gott. Dennoch machen wir diese sprachlichen Unterschiede zu einer Quelle des Streits und der Trennung. Wir vergessen dabei, daß es Gott schon lange gab, bevor die Sprachen entstanden.

Als Menschen errichten wir Grenzen um uns, und dadurch begrenzen wir uns selbst. Doch unsere Seele ist grenzenlos. Hinter den Trennungen, die wir auf der physischen Ebene schaffen, verbirgt sich eine vereinende Kraft, die alles Leben miteinander vereint. Die Wahrheit, die uns die großen Heiligen und Mystiker vermitteln wollten, lautet, daß wir alle ein Teil Gottes sind. Wir sind Seelen. Wir sind bewußt. Wir sind voll der Liebe Gottes. Nur auf der menschlichen Ebene schaffen wir Trennungen. Die Seele ist ein Teil Gottes, des Schöpfers. Um uns selbst wirklich zu verstehen, müssen wir alle Trennungen als Mauern erkennen, die unser wahres Selbst umgeben. Diese Wände halten uns von der Wahrheit fern. Diese Wände müssen fallen, damit wir die Einheit allen Lebens wirklich verstehen. Sant Darshan Singh sagte in einem seiner Verse:

Was macht es schon, wenn man mich einen Menschen nennt?
In Wahrheit bin ich die innerste Seele der Liebe;
die ganze Erde ist meine Heimat,
und das Universum ist mein Vaterland.

Durch Mangel an Selbsterkenntnis erzeugen wir Trennung. Durch unsere Seele können wir Verbundenheit erfahren und mehr Frieden und Harmonie unter den Bewohnern dieses Planeten schaffen.

Verbundenheit mit anderen Menschen

Die Seele ist Licht und Liebe. Könnten wir von einem höheren Standpunkt aus auf die Menschheit herunter blicken, würden wir sehen, daß jede Seele von einem Licht erleuchtet wird – wie wenn wir in der Nacht in einem Flugzeug sitzen, auf die Erde hinunterschauen und Myriaden von Lichtern sehen. Das Licht in jeder Seele ist ein und dasselbe. Gott sieht keinen Unterschied in diesen Lichtern, weil sie alle vom selben Wesen gemacht sind wie der Schöpfer. Nur die äußeren menschlichen Formen, welche das Licht umgeben, unterscheiden sich. Wenn wir unsere Seele erkennen, erlangen wir dasselbe Bewußtsein wie Gott.

Hinter unseren äußeren Formen verbirgt sich die Seele. Dies bedeutet, daß wir vom tiefsten Wesen her nicht verschieden sind. Wir sind All-Liebe, wir sind All-Bewußtsein, wir sind All-Licht, wir sind All-Unsterblichkeit. Dies macht uns letztlich zum Mitglied einer Familie. Wenn wir nach unserer Rasse gefragt werden, sollte jeder von uns antworten, daß wir der Rasse der Menschheit angehören.

Denken wir an unsere Eltern. Eine Generation vor ihnen gab es zwei Elternpaare, die unseren Vater und unsere Mutter zeugten. Noch eine Generation weiter zurück waren es acht Personen, die diese vier Großeltern zeugten. Eine Generation davor waren es sechzehn Menschen. Wenn wir weit genug zurückgehen, werden wir feststellen, daß die menschliche Bevölkerung klein war und wir alle durch dieselben Vorfahren miteinander verbunden sind.

Wenn wir einen Stammbaum für die Menschheit durch die Jahrhunderte aufstellen, werden wir entdecken, daß wir tatsächlich in Vergessenheit geratene, weit entfernte Nichten und Neffen sind. Wer ist dann ein Fremder? Keiner. Wir alle sind Brüder und Schwestern der universalen Familie. Könnten wir nur alle Menschen so behandeln, gäbe es das Problem von Trennungen aufgrund äußerer Unterschiede nicht.

Sich mit anderen verbunden zu fühlen, bereitet solche Freude! Wie reich wäre unser Tag, wenn wir lachend umhergehen und alle, denen wir begegnen, begrüßen, anstatt als Fremde aneinander vorbeizuziehen. Wenn wir uns einen Augenblick Zeit nehmen und etwas Nettes zu unseren Arbeitskollegen sagen, zum Briefträger, zum Geschäftsinhaber, zum Busfahrer, zum Liftjungen und zum Mann von der Müllbeseitigung, wie wenn sie unsere Freunde oder Verwandten wären, dann würden wir den Tag der anderen zu etwas Besonderem machen. Worte können die innere Freude nicht beschreiben, die wir erleben, wenn wir jemand anderen glücklich machen.

Es heißt, daß Geben besser ist als Nehmen. Warum? Wenn wir geben, öffnet sich unser Herz. Wenn wir voller Güte sind, setzen wir uns mit Gott in Verbindung. Wenn wir uns mit anderen Menschen verbunden fühlen, verbinden wir uns selbst mit dem Herrn.

Dies erinnert an die Geschichte von Abou Ben Adhem. Er war ein guter Mensch, der seine Mitmenschen liebte. Eines Nachts wurde er von einem Engel aufgeweckt, der in seinen Raum kam und etwas in ein großes Buch schrieb.

«Was schreibst du da?» fragte Abou Ben Adhem.

Der Engel erwiderte: «Ich schreibe die Namen derer auf, die den Herrn lieben.»

«Ist mein Name dabei?» fragte Abou Ben Adhem.

Der Engel überprüfte die Liste und antwortete: «Nein, ich sehe ihn hier nicht.»

Daraufhin sagte Abou Ben Adhem: «Bitte schreib mich als jemanden auf, der seine Mitmenschen liebt.» Der Engel tat es und verschwand dann.

In der folgenden Nacht kam der Engel zurück, öffnete sein Buch und zeigte Abou Ben Adhem seinen Namen. Er erklärte dazu: «Ich habe mit Gott gesprochen, und Gott hat deinen Namen an die Spitze der Liste derer gesetzt, die Gott lieben.»

Indem er seine Mitmenschen liebte, hat Abou Ben Adhem tatsächlich Gott geliebt. Jene, die ihre Mitmenschen lieben, sind wahre Liebende Gottes.

Verbundenheit mit Tieren

Jene, die wirklich mit Gott verbunden sind, empfinden Liebe für alle Geschöpfe, große und kleine. Das göttliche Licht leuchtet in allen Lebensformen. Es ist in den Ameisen genauso gegenwärtig wie im Löwen, in Fischen oder in Vögeln. Wir können den strahlenden Glanz Gottes erkennen, wenn wir das Leben mit den Augen der Seele betrachten. Mit dieser Sichtweise können wir Liebe für alle entwickeln.

Der folgende Bericht beschreibt die Universalität der Liebe, die Heilige haben, sogar für die Tiere: Sain, ein Heiliger in Indien, bereitete sich ein Fladenbrot als Essen, ein sogenanntes Chapati. Ein Hund kam in seine Hütte, schnappte das Chapati und rannte damit davon. Sain eilte ihm nach, während einige Beobachter zusahen.

«Schaut ihn an, er läuft einem Hund nur wegen eines Chapatis nach!» bemerkten sie.

Doch die Menschen waren erstaunt, als sie hörten, was Sain dem Hund zurief: «Warte! Laß mich doch auch Butter auf dein Brot streichen!» Für Sain betrat der Hund seine Hütte als würdiger Gast. Und genauso, wie man einem Gast ein Chapati selbstverständlich mit Butter servieren würde, wollte Sain auch seinen vierbeinigen Besuch auf gastfreundliche Weise behandeln.

Die Tradition der Jains tritt für großen Respekt gegenüber allen Lebewesen ein. Der Grund, warum Jains einen Mundschutz tragen, besteht darin, daß sie keine Lebewesen aus der Luft einatmen und dadurch deren Tod bewirken möchten.

Bevor sie einen Schritt machen, fegen sie den Weg vor sich frei, um kleine Insekten nicht zu zertreten.

Unsere Seele schreitet sanft über den Boden des Lebens. Sie hat die Fähigkeit, Gott in allen Lebewesen zu erkennen, und würde keinem der Geschöpfe Gottes das Leben nehmen. Wenn wir das Leben durch das Bewußtsein unserer erwachten Seele betrachten, können wir beginnen, sanfter zu leben und Ehrfurcht gegenüber allen Lebensformen zu zeigen.

Das ist einer der Gründe, warum sich viele, die in Kontakt mit ihrer Seele stehen, einer vegetarischen Ernährung zuwenden. Sie spüren und erkennen, daß Gott genügend Nahrung in Form von Pflanzen zur Verfügung gestellt hat, um uns zu erhalten, und daß es nicht notwendig ist, Säugetieren, Vögeln oder Fischen das Leben zu nehmen und sie zu essen.

Buddhisten, Jains und Hindus gehen davon aus, daß die Seele von einem Leben zum anderen wandert und daß sie manchmal als Mensch hier ist und ein anderes Mal in einer anderen Lebensform wohnt. Deshalb nehmen sie keinem Geschöpf das Leben. Nach ihrer Ansicht befindet sich in jedem Lebewesen eine Seele, und jede Seele hat dasselbe Recht auf Leben wie die menschlichen Wesen. Sie erkennen auch das Gesetz des Karma, wonach wir für alles, was wir tun, zur Rechenschaft gezogen werden. Falls wir einem Wesen sein Leben nehmen, werden wir eines Tages für diese Handlung bezahlen müssen.

Im buddhistischen Werk «Jataka Tales» gibt es eine wunderbare Geschichte: In alten Zeiten folgten manche Menschen dem Brauch, ein getötetes Tier den Toten als Opfer darzubringen. Eines Tages forderte ein Lehrer seine Schüler auf: «Ich möchte, daß ihr mir eine Ziege holt, die wir beim Fest des Todes opfern. Sucht eine Ziege, bringt sie zum Fluß und badet sie darin. Wenn sie sauber ist, legt ihr einen Blumenkranz um den Hals.» Die Schüler waren einverstanden und zogen los, um eine Ziege zu suchen. Nachdem sie eine gefunden hatten, befolgten sie die Anweisungen ihres Lehrers.

Als sie das Tier im Fluß badeten, begann es zu lachen und die Schüler erschraken sehr. Dann begann die Ziege zu weinen. Die Schüler hielten dies für ein sehr seltsames Verhalten und fragten: «O Ziege, warum hast du zuerst gelacht und dann geweint?» Da antwortete die Ziege: «Stellt mir diese Frage noch einmal vor eurem Lehrer.» Die Schüler brachten das Tier zu ihrem Lehrer und erklärten, was geschehen war.

So fragte der Lehrer die Ziege: «O Ziege, warum hast du gelacht und dann geweint?»

Die Ziege erwiderte: «In einem meiner früheren Leben war ich ein Lehrer wie du. Auch ich wollte zum Fest des Todes opfern und ließ eine Ziege schlachten. Weil ich diese eine Ziege getötet habe, mußte ich fünfhundertmal als Ziege getötet werden, indem mir der Kopf abgeschlagen wurde. Dies ist nun meine fünfhundertste und letzte Geburt als Ziege. Ich lachte vor Glück, weil ich heute von dieser einen schlechten Tat, die ich einst begangen hatte, befreit sein werde.»

Dann fragte der Lehrer: «Was hat dich aber zum Weinen veranlaßt?»

Die Ziege antwortete: «Ich weinte, als ich daran dachte, daß du in zukünftigen Leben ebenfalls fünfhundertmal getötet werden mußt, wenn du mich schlachtest. Ich weinte, weil ich Mitgefühl für dich habe.»

Der Lehrer bekam es mit der Angst zu tun, daß er nun dasselbe Schicksal erleiden müßte, und entschied: «Hab' keine Angst, Ziege. Ich werde dich nicht töten.»

Die Ziege meinte: «Das spielt keine Rolle. Ob du mich tötest oder nicht, ich werde heute auf jeden Fall ums Leben kommen.»

Der Lehrer beharrte: «Keine Sorge, ich werde dich beschützen und mich darum kümmern, daß dir nichts zustößt.»

Die Ziege erklärte: «Kein noch so großer Schutz wird mir helfen. Ich kann der Abrechnung für meine vergangenen Taten nicht entkommen.»

Der Lehrer wollte der Ziege helfen, und so wies er seine Schüler an, die Ziege den ganzen Tag über zu begleiten, um sicher zu gehen, daß ihr nichts widerführe.

Etwas später wurde die Ziege hungrig. Sie sagte zu den Schülern: «In der Nähe der Spitze dieses Felsens wächst ein Busch. Ich werde dorthin gehen und einige Blätter fressen.» Als die Ziege von den Blättern aß, zuckte ein Blitz aus dem Himmel und schlug in den Felsen ein. Ein Stück des Felsens brach ab und stürzte der Ziege auf den Hals. Die Ziege wurde sofort getötet.

Als Buddha von seinen Schülern wegen dieser Geschichte befragt wurde, erwiderte er: «Wenn ihr Menschen nur wüßtet, daß ihr für all eure Taten zahlen müßt, würdet ihr keine Tiere und andere Lebewesen mehr töten. Ihr müßt für all eure schlechten Taten bezahlen.»

Manche Menschen leben aufgrund ihrer religiösen Lehren vegetarisch. Sie glauben entweder an das Gesetz des Karmas, an das Jüngste Gericht, oder sie glauben an das Gebot: «Du sollst nicht töten.» Andere halten eine vegetarische Ernährung ein, weil sie glauben, daß auch Tiere ein Recht auf Leben haben und daß sie kein Leben nehmen sollen, wenn sie selbst Leben nicht zurückgeben können.

Im Verlauf der Geschichte gab es viele bemerkenswerte Vegetarier. Die griechischen Philosophen der Antike, wie Platon, Plotin, Empedokles, Apollonius, Plutarch und Porphyrus folgten einer vegetarischen Nahrungsweise.

Pythagoras wies seine Anhänger an, ihren Körper nicht zu verunreinigen, indem sie unreine Nahrung zu sich nähmen. Er wiese darauf hin, daß genug Getreide, Körner und Bäume, die mit Früchten beladen sind, zu Verfügung stehen, daß es genug köstliches Gemüse und Wurzeln gibt, die man gut kochen und zubereiten kann, und kein Mangel an Milch und Honig besteht. Er erklärte ihnen, daß unsere Erde über reine und schadensfreie Nahrung im Überfluß verfügt und daher keine Notwendigkeit besteht, Mahlzeiten zu essen, wofür Blut vergossen und unschuldiges Leben geopfert werden muß.

Sir Isaac Newton, Ashoka der Große, Kaiser Akbar, Percy Bysshe Shelley, Leo Tolstoi, Leonardo da Vinci, Albert Schweitzer, George Bernard Shaw und Mahatma Gandhi waren ebenfalls berühmte Vegetarier.

Wenn wir unter der Führung der erwachten Seele leben, finden wir es schwer, wenn nicht sogar unmöglich, vom Fleisch lebender Geschöpfe zu essen, weil wir das Licht Gottes in ihnen sehen. Wir beginnen, eine Verbundenheit mit unseren jüngeren Brüdern und Schwestern zu entwickeln, wie es der Hl. Franz von Assisi tat.

Rabia Basri, die große Sufi-Heilige, erlebte ebenfalls diese Verbundenheit mit allen Geschöpfen Gottes. Als sie einmal in die Berge ging, fand sie sich von einer Gruppe wilder Tiere umringt. Hirsche, Gazellen, Bergziegen und wilde Esel näherten sich ihr ruhig. In diesem Augenblick kam Hasan-al-Basri an, und als ihn die Tiere erblickten, flohen sie in Angst und Schrecken.

Ärgerlich fragte er Rabia: «Warum sind sie voller Angst und Schrecken vor mir davongerannt, während sie sich dir freundlich genähert hatten?» Rabia stellte eine Gegenfrage: «Was hast du heute gegessen?» «Einige Zwiebel, in Schmalz gebraten», war die Antwort. Dann wies sie ihn darauf hin: «Du ißt von ihrem Fett. Warum sollen sie dann nicht vor dir davonlaufen?»

Die erwachte Seele hat für alle Lebensformen Ehrfurcht und erweist ihnen Ehrerbietung. Wenn wir in die Seele eintauchen, öffnet sich unser Herz und bewirkt eine Verbundenheit mit allen Lebewesen.

Verbundenheit mit unserem Planeten

Jedes Jahr werden Millionen Hektar Regenwald niedergebrannt. Um den Wald in gewinnträchtigeres Ackerland umzuwandeln, zerstören die Menschen die lebenspendenden Bäume. Bäume sind unerläßlich für die Sauerstoffproduktion, um das Leben auf unserem Planeten zu erhalten. Bei der Photosynthese nehmen Bäume das Kohlendioxyd auf, das wir ausatmen, und verwandeln es mit Hilfe von Wasser und Sonnenlicht in den Sauerstoff, den wir zum Atmen brauchen, und in Kohlehydrate in Form von pflanzlicher Nahrung, die wir essen können. Dennoch wird einer der größten Sauerstofflieferanten, der Regenwald, zerstört.

Die Seele betrachtet alles in einem großen Zusammenhang. Sie sieht, wie alle Menschen, Pflanzen, Tiere, Rohstoffquellen und Erdzyklen voneinander abhängen. Die Seele erkennt, daß wir achtsam mit unseren ökologischen Lebensgrundlagen umgehen müssen, damit das Leben weiterbestehen kann. Verschmutzte Luft und verunreinigtes Wasser bedeuten potentielle Krankheiten nicht nur für die gegenwärtige Bevölkerung, sondern auch für zukünftige Generationen. Land heute zu zerstören vergeudet wertvolle Ressourcen und kann unseren Kindern und Enkeln das vorenthalten, was sie für ein produktives, angenehmes Leben morgen brauchen.

Wenn wir uns mit unserer Seele verbinden, werden wir bewegt, Entscheidungen über die Ressourcen unseres Planeten zu treffen, die der gesamten Menschheit dienen, gegenwärtig und in Zukunft, und nicht nur unseren eigenen selbstsüchtigen Motiven. Wir werden dazu bewegt, unseren persönlichen Beitrag für die Erde zu leisten und dadurch mitzuhelfen, globale Entscheidungen zu treffen, die den Planeten vor Umweltverschmutzung und Zerstörung schützen.

Einssein mit unserer Seele

Wenn wir davon sprechen, daß wir mit unserer Seele verbunden sind, sprechen wir eigentlich von Selbsterkenntnis. Wir sind verkörperte Seelen – Seelen, die ein Gemüt und einen Körper tragen. Wenn wir uns mit unserer Seele verbinden, bedeutet dies daher, unsere Sichtweise so zu verändern, daß wir uns nicht nur als Gemüt und Körper betrachten. Wenn wir uns mit unserer Seele identifizieren, geben wir ihr die Kraft zurück, unser Leben in die Hand zu nehmen. Dann denken, sprechen und handeln wir von der Ebene der Seele aus.

Von der zentralen leitenden Kraft unserer Seele aus zu denken, zu sprechen und zu handeln, transformiert unser Leben. Wie wir die Welt betrachten und wie wir auf sie reagieren, wird nicht mehr vom Schleier unseres Egos gefärbt; vielmehr geht aus allem die leuchtende, lebendige Kraft Gottes kristallklar hervor. Die Seele reagiert auf Menschen und Natur wie auf bewegliche Lichter Gottes. Sie handelt nach den edlen Grundsätzen der Wahrheit, Gewaltlosigkeit, Reinheit, Demut, Liebe und des selbstlosen Dienstes. Sie sieht die Verbundenheit aller Lebewesen, aller Menschen und des Planeten.

Unsere Seele bringt uns mit der ewigen Weisheit, Unsterblichkeit, Wahrheit, mit Frieden und Liebe in Berührung. Wenn wir das Leben mit dieser Einstellung führen, dann leben wir in einem Geist der Freude und der Glückseligkeit. Wir sind furchtlos. Wir lieben alle. Wir haben Zugang zum göttlichen Wissen und sind mit unserer unsterblichen Natur im Einklang.

Eins mit Gott

Mit unserer Seele eins zu sein, führt zur Einheit mit Gott. Die Seele ist ein Tropfen von Gott und kann mit ihm verschmelzen. Denken wir an einen Tropfen Wasser auf einer Fläche. Wenn wir dicht daneben ein Glas Wasser ausgießen, so daß er leicht berührt wird, wird sich der Tropfen automatisch mit dem Wasser verbinden. Er ist zwar noch immer ein Tropfen, doch er wurde zu einem Teil der größeren Wasserfläche. Ein Regentropfen fällt in das Meer und wird Teil des Größeren. Er behält nach wie vor seine Identität als Wassertropfen, doch indem er ein Teil des Meeres wurde, erfreut er sich aller Eigenschaften dessen. Genauso ist es mit unserer Seele. Wenn wir uns mit unserer Seele identifizieren und uns die Gotteskraft nahe zu sich zieht, verschmelzen wir mit dem Meer, mit Gott. Wir behalten unsere Identität, doch erlangen wir auch Zugang zu allem, was Gott ist.

Übung

Die folgende Übung stellt eine Analogie dar, die uns etwas davon spüren lassen kann, mit allem Leben verbunden zu sein.

Stellen Sie sich einen Wassertropfen vor. Ein Strom fließt in der Nähe vorbei. Der Tropfen wird in den Strom gezogen und geht in ihm auf. Der Strom mündet in das Meer – so, wie sich Ihre Seele mit dem Meer des Lebens verbindet.

Heilige, Religionsgründer und Mystiker haben vom Verschmelzen der Seele im ewigen Meer gesprochen. Da unsere Sprache eine Erfahrung, die über den Verstand hinausgeht, nicht angemessen beschreiben kann, haben diese Seher auf Analogien zurückgegriffen. Ein oft gebrauchtes Motiv ist das Bild eines Tropfens, der mit dem Ozean verschmilzt, oder das eines Lichtstrahls, der mit der Sonne eins wird. Wo einst zwei waren, ist jetzt nur noch eins.

In diesem Zusammenhang sagte Christus:

> *Ich und mein Vater sind eins.*
> (Johannes 10, 30)

Shamas von Täbris, der Sufi-Heilige, sagte:

> *Wir sind so verbunden, wie Körper und Seele, daß danach niemand mehr sagen kann, ich sei verschieden von Dir.*

Nach der Tradition der Hindus wird der Zustand der Einheit in der Mandukya Upanishade wie folgt beschrieben:

> *Wie die verschiedenen Gebirgsbäche, nachdem sie unterschiedliche Landschaften durchlaufen, in den Ozean münden und ihren Namen und ihre getrennte Existenz verlieren, so verschmelzen diejenigen, die Brahman (Gott) erkennen, im strahlenden, selbstleuchtenden Sein und verlieren ihre Namen und Formen.*

Die Seele, die sich mit Gott verbindet, ist von Gott nicht mehr unterscheidbar. Die Dualität verschwindet. Erkenntnis und Verwirklichung der Seele geht der Vereinigung mit Gott voraus. Wir müssen uns zuerst mit der Seele identifizieren anstatt mit Gemüt und Körper. Nur dann, wenn wir unsere Seele erfahren, können wir unsere Aufmerksamkeit vom Tor der Welt zurückziehen und auf das Tor zu den spirituellen Regionen richten. Die Seele kann dann durch die spirituellen Regionen reisen, um mit Gott eins zu werden.

7. Glückseligkeit

Eine weitere Eigenschaft der Seele ist unendliche, unergründliche, ewige Glückseligkeit. Die Seele lebt in einem Zustand dauernder Wonne. Sie birst vor Ekstase, die sie Tag und Nacht verzückt.

Es ist schwierig, die Intensität dieser Glückseligkeit zu beschreiben. Der einzige Vergleich, den wir anbieten können, ist der Gedanke an unsere glücklichsten Augenblicke in dieser Welt, um sie dann tausendmal zu vervielfachen. Wir erleben zum Beispiel Momente großer Freude, wenn wir heiraten, ein Kind zur Welt bringen, eine Beförderung erhalten, für unser Lebenswerk anerkannt werden, eine Meisterschaft gewinnen, jemandem das Leben retten oder ein Ziel erreichen.

Es mag schwerfallen, uns vorzustellen, daß all die Freuden, die wir in diesen Augenblicken empfinden, nur eine schwache Ahnung von der Glückseligkeit sind, die wir in den Tiefen unserer Seele erfahren.

Falls wir uns wieder mit unserer Seele verbinden können, kann uns eine niemals endende Berauschung durch den ganzen Tag begleiten und uns vor den Fallen und Pfeilen des Lebens beschützen.

Frei sein von Schmerz und Sorge

Gott wurde von Heiligen und Mystikern als ein Meer der Liebe und Glückseligkeit beschrieben, frei von Leid und Sorge. Die Seele, die vom selben Wesen ist wie Gott, ist ebenfalls mit Liebe und Glückseligkeit erfüllt. Nach ihrem ursprünglichen Wesen ist die Seele immer in Verzückung und Ekstase. Unsere Seele ist, wenn wir in unserem ursprünglichen Zustand sind, frei von Haß, Eifersucht, Schmerz und Leid. Es gibt nichts in der Seele, was Sorgen bereiten könnte.

Für uns als irdische Menschen ist es schwer zu verstehen, wie dieser Zustand wirklich sein könnte, denn wir finden uns oft in Sorge, Schmerz, Eifersucht, Haß und kleinlichen Differenzen gefangen. Wenn wir über unser Leben nachdenken, erscheint es uns vielleicht, als ob wir mehr Augenblicke des Leids als der Freude erfahren. Sant Darshan Singh beschrieb den Zustand des Menschen einmal im folgenden Vers:

Selbst wenn eine Freude meinen Weg kreuzte,
erwies sie sich als vergänglich,
doch jedes Leid, das ich erhielt,
schien ewig zu dauern.

Wir erfahren sicherlich Zeiten des Glücks, doch wenn wir von Schwierigkeiten heimgesucht werden, haben wir das Gefühl, als dauerten sie an ohne Ende. So erhebt sich die Frage: Wenn die Seele voller Glückseligkeit ist, warum leiden wir Menschen dann unter Schmerz und Sorgen?

Guru Nanak beschrieb den menschlichen Zustand mit den Worten: «O Nanak, die ganze Welt ist voller Sorgen.»

Wenn wir unserem Gemüt und Körper die Kraft geben anstatt unserer Seele, sind wir weit von jenem göttlichen Nektar der Glückseligkeit entfernt, der uns im Inneren erwartet. Wir sind uns dann unseres wahren Glückszustands nicht bewußt. Der Grund für Schmerz und Sorgen besteht darin, daß wir auf der Ebene der Sinne leben. Dies gleicht einem Traumzustand:

Alles in der Welt erscheint real. Solange wir nicht aus dem Traum aufwachen, erscheint uns unsere physische Existenz als wirklich. Wir sind wie Dornröschen. Bevor nicht der Prinz erscheint und sie mit einem Kuß aus ihrem Schlaf erweckt, bleibt sie unbewußt. Auch wir schlafen. Wir müssen aus diesem Traum erwachen und die Realität unserer Seele erfahren. Wenn wir das tun, werden wir uns in einem Zustand andauernder Glückseligkeit und Wonne befinden.

Die höchste Glückseligkeit können wir erlangen, wenn wir aufhören, uns mit Körper, Gemüt und Sinnen zu identifizieren, und statt dessen auf der Ebene der Seele leben. Wir müssen unsere Aufmerksamkeit von der äußeren Welt zurückziehen und in uns konzentrieren, damit wir uns mit dem Zustand der Glückseligkeit verbinden können. Dann können wir feststellen, daß wir frei von Schmerz und Sorge sind.

Der Zustand der Glückseligkeit, an dem sich die Seele erfreut, liegt jenseits aller Erfahrungen in dieser Welt. Mystiker und Heilige, die diese erhabenen Zustände erlebten, mußten auf Metaphern und Gleichnisse zurückgreifen, um sie zu beschreiben. Sie verglichen die innere Ekstase mit einer Hochzeit, mit der Beziehung zwischen Liebendem und Geliebter, mit der Liebe zwischen Eltern und Kind, mit dem Genuß eines berauschenden Nektars oder dem Wasser des Lebens, mit der Versenkung in Himmelsmusik oder mit dem Wandeln in wunderbaren Gärten voller Blumen, Quellen und Teichen. Jeder Mensch erlebt die Glückseligkeit auf eigene Art und Weise. Obwohl sich die Beschreibungen unterscheiden, ist die Glückseligkeit doch ein und dieselbe.

Berauschender Nektar

In vielen religiösen Traditionen findet man, daß die innere Glückseligkeit als Analogie zum Trinken von göttlichem Nektar dargestellt wird. Sufis sprechen davon als «Aab-i-hayat» oder «Wasser des Lebens». Hindus bezeichnen diesen Nektar als «Amrit» oder «Wasser der Unsterblichkeit». Christen nennen es ebenfalls «Wasser des Lebens». Bei den Sikhs heißt es «Hari Ras» oder «Göttliches Ambrosia».

Im Gurbani (der heiligen Schrift) der Sikhs gibt es zahlreiche Hinweise auf «Hari Ras». Die Menschen trinken Wein oder nehmen Suchtmittel, um einen Zustand der Berauschtheit zu erreichen. Doch die Heiligen und Mystiker brauchen keinen Wein zu trinken oder Suchtmittel einzunehmen, um berauscht zu werden; die Verbindung mit ihrer Seele und Gott verursacht eine Verzückung, die alles in dieser Welt bei weitem übertrifft. In den Sikh-Schriften heißt es dazu:

Nur, wer erwacht ist und dieses Ambrosia trinkt,
der allein kennt die unbeschreibliche Geschichte.
(M 5 Gauri 13-16)

Und weiter:

Gib die Liebe zum geschmacklosen Wasser des Übels auf,
und trinke den göttlichen Nektar des Namens des Herrn.
Myriaden ertranken, weil sie nicht davon kosteten,
und ihre Seele hat niemals Frieden.
(M 5 Bilawal 802-819)

Die berauschenden Mittel dieser Welt haben keine bleibende Wirkung. Wer versucht, seine Sorgen in Alkohol oder Drogen zu ertränken, findet keine dauerhafte Glückseligkeit. Man erreicht höchstens einen vorübergehenden Zustand, in dem man seine Probleme vergißt, doch wenn die Wirkung von Wein oder Drogen nachläßt, steht man wieder vor denselben Schwierigkeiten. Und nicht nur das: Oft vergrößern sich die Probleme nur, weil man nun zum Beispiel Geld braucht, um Alkohol oder Drogen zu kaufen, oder das destruktive Verhalten schadet der eigenen Gesundheit und Sicherheit und der der anderen. Demgegenüber ist die Berauschung, die man erfährt, wenn man in die Glückseligkeit der Seele eintaucht, von Dauer und bleibend. Sie ist sicher. Sie schadet niemandem und ist immer kostenlos zugänglich, wann immer man sich daran erfreuen möchte. Guru Arjan Dev sagte:

Wer Ambrosia trinkt,
ist für immer berauscht.
Andere Getränke berauschen,
doch ihre Wirkung geht bald vorbei.
Der Gott-Berauschte trinkt Ambrosia;
für ihn sind alle anderen Getränke geschmacklos.
(M 5 Asa 377-11)

Und weiter:

Rein ist das Licht, und Nektar ist das Wort,
die Verbindung mit beiden
gewährt ein selbstloses Leben in ewiger Wonne.
(Ramkali M 5)

In der Bibel sagt Christus:

Und wen es dürstet, der komme; und wer da will, der nehme das Wasser des Lebens umsonst.

(Offenbarung 22, 17)

Wer aber von dem Wasser trinken wird, das ich ihm gebe, den wird ewiglich nicht dürsten, sondern das Wasser, das ich ihm geben werde, das wird in ihm ein Brunnen des Wassers werden, das in das ewige Leben quillt.

(Johannes 4, 14)

So wie wir Wasser trinken müssen, um unseren irdischen Durst zu löschen, wird der Durst der Seele durch die Liebe Gottes gestillt. Diese Liebe fließt wie ein ewiger Fluß aus Gott aus und umfängt alle Seelen. Die schlafende Seele bleibt sich jedoch ihres ursprünglichen Zustandes der Glückseligkeit unbewußt. Die erwachte Seele dagegen ist sich dieser Liebe bewußt und spürt ihre wundersame Ekstase allezeit.

Die Glückseligkeit der Göttlichen Vereinigung

Viele Mystiker und Heilige sprechen über die Glückseligkeit der Seele in Begriffen des Glücks von Braut und Bräutigam am Tage der Hochzeit. Bilder wie von der Liebenden und dem Geliebten, von Braut und Bräutigam, von Braut und ewigem Gemahl, bezeichnen die Beziehung zwischen der Seele und Gott, wenn sie in einem Zustand der Liebe und Glückseligkeit verschmelzen.

Mira Bai, eine indische Heilige, betrachtete sich als mit dem Herrn vermählt. Sie schrieb:

Ewig ist die Hochzeit von Mira Bai –
denn sie ist mit dem ewigen Gemahl verheiratet.

Und weiter:

Ich habe immerwährende Erfüllung erlangt,
denn ich bin mit dem unsterblichen Herrn vermählt.

Zusätzlich zum Bild der Braut und des Bräutigams zur Zeit der Hochzeit sprechen die Heiligen auch vom Vollzug der Ehe als ein Beispiel für die Glückseligkeit der Vereinigung der Seele mit Gott. Theresa von Avila zum Beispiel, eine christliche Mystikerin, hinterließ zahlreiche Schriften, die uns Einblick in die Wonne, die sie erfuhr, gewähren. In «Die Innere Burg» (6. Wohnung, Kapitel XI) beschreibt sie die Glückseligkeit als etwas, «das bis zum Mark der Knochen durchdringt, während weltliche Vergnügen nur die Oberfläche der Sinne berühren».

Kabir spricht ebenfalls über die Ekstase der Vereinigung der Seele mit Gott:

Als die Liebe mich erfaßte und tief in mein Herz drang, rief jede Pore meines Körpers aus: O, mein Geliebter! O, mein Geliebter! Ich brauchte keine Lippen, um dies zu sagen.

(Sufis, Mystics, and Yogis, S. 231)

In einem anderen Vers brachte er zum Ausdruck:

Ich habe den Kelch der Liebe in meinem Herzen eingeschlossen;
sie hat jede Pore meines Körpers durchdrungen,
nun brauche ich keinen anderen Trank mehr.
(Sufis, Mystics, and Yogis of India, S. 232)

Wer solche Zitate liest, meint vielleicht, die Heiligen sprächen über die Beziehung zwischen einem Liebenden und einer weltlichen Geliebten, doch eigentlich versuchen sie nur, einen Bezug für uns zu finden, um die Erfahrung der Seele bei der Vereinigung mit dem Herrn zu beschreiben. Da die Erfahrung selbst nicht in Worte gefaßt werden kann, vermittelt uns der Vergleich zwischen Geliebter und Geliebtem einen geringen Hinweis darauf, was Einheit mit dem Herrn bedeutet.

Der Hl. Johannes vom Kreuz schrieb in seinem Werk «Aufstieg zum Berg Karmel»:

Ich war trunken und verloren,
mein Haupt ruhte auf meiner Liebe.
Ich wurde ohnmächtig, verloren, und unter die
vergessenen Lilien warf ich all meine Sorgen.
(Die Quelle aller Liebe, S. 179)

Der christliche Mystiker Meister Eckhart schrieb:

O Wunder aller Wunder, wenn ich an die Einung denke, die die Seele mit Gott hat! Er macht die verzückte Seele aus sich selbst fliehen, denn sie ist mit nichts mehr zufrieden, was man benennen kann. Der Frühling der göttlichen Liebe strömt aus der Seele und zieht sie aus sich selbst heraus – in das namenlose Wesen, in ihre erste Quelle, die Gott allein ist.
(On the Steps of the Soul, Pfeiffer, S. 153;
Mysticism, von Evelyn Underhill, 369-370)

Aufgehen in der Himmelsmusik

Viele Mystiker beschreiben die Glückseligkeit auch als ein Umgebensein von einer himmlischen Symphonie, deren Musik Tag und Nacht erklingt. Die erwachte Seele hört immer auf diese bezaubernde Musik, doch es ist nicht Musik von dieser Welt. Sie entsteht nicht durch irgendein Instrument oder menschliche Stimmen. Sie ist ein melodischer Klang, der die Seele durchdringt. Diese Musik geht von Gott aus und erklingt als innere Harmonie in allen Seelen. Sie ist erhebend und bezaubernd. Wie der Gesang der Sirenen hält sie die Seele in ihren beglückenden Harmonien für immer gefangen.

Die Schriften der verschiedenen Religionen sind voller Hinweise auf diese innere Musik der Seele. Maulana Rumi sagte:

Erhebe dich über den Horizont deines Gemüts, o tapfere Seele,
und lausche dem Ruf der Musik, der von oben kommt.
(The Spiritual Path, S. 65)

Hafiz schrieb:

Ein endloser Klang strömt vom Himmel herab.
Ich wundere mich, daß du mit fruchtlosen Dingen
beschäftigt bist.
(The Spiritual Path, S. 65)

Dadu Sahib bemerkte:

Die ewige Musik donnerte in den Himmeln,
Und ich kostete den göttlichen Nektar.
(Die Quelle aller Liebe, S. 190)

Guru Arjan, der fünfte Guru der Sikhs, sagte:

Zahllos sind die Noten der endlosen Melodie,
ihre zauberhafte Süße ist in der Tat unaussprechlich.
(Sarang M 5 Naam, S. 183)

An anderer Stelle heißt es bei ihm:

Die alles durchdringende Musik ertönt überall.
Im Herzen von allen fließt die göttliche Musik.
(Vadhans M 5 Naam, S. 183)

Viele Menschen erlangen Glück, wenn sie die Musik der Welt hören. Die Menschen schalten das Radio ein, kaufen Musikkassetten und CDs, besuchen Konzerte oder machen ihre eigene Musik. Es gibt viele Gefühle, die wir durch die äußere Musik erleben, wie Freude, Frieden, Aufregung oder Inspiration. Doch die Musik der Seele ist eine Erfahrung, die weit über alles hinausreicht, was wir durch Hören der äußeren Musik erhalten. Es ist eine bezaubernde Erfahrung, durch die unsere Seele in die spirituellen Reiche erhoben wird.

Die Glückseligkeit, die unsere Seele erfüllt, wenn sie den Harmonien der inneren Musik lauscht, ist um vieles größer als alles Glück in dieser Welt. Wenn man einmal auf die innere Musik hört, möchte man sie immer hören. Viele, die der Musik der Seele lauschen, stellen fest, daß die äußere Musik im Vergleich dazu verblaßt. Sie wollen sich lieber auf die Schwingung, die von ihrer eigenen Seele übertragen wird, einstimmen, als irgendeinen Radiosender in der äußeren Welt einschalten.

Sich in schönen Gärten erfreuen

Ein weiteres Bild der Glückseligkeit, das Mystikern und Heilige verwenden, ist die vergnügliche Erfahrung, durch einen schönen Garten zu wandeln. Gärten zählen zu den schönsten Orten der Welt. Wenn jemand das Glück hatte, eine Gegend wie Kashmir am Fuße des Himalaya zu besuchen, die wunderschönen Schweizer Alpen oder andere Gebirgslandschaften, wird man die Freude verstehen, die man beim Anblick der Berge, kaskadenartigen Wasserfällen, Wäldern, Seen, Flüssen und schönen Blumengärten empfindet.

Es ist eine verjüngende und erfrischende Erfahrung, sich an einem der schönsten und farbenprächtigsten Orte der Natur zu erfreuen. Und doch sind die Reiche der Seele viel beglückender und atemberaubender. Die äußere Schönheit der Natur in dieser Welt ist nur eine geringe Widerspiegelung einer viel überwältigenderen Schönheit im Inneren.

Soami Shiv Dayal Singh, ein indischer Heiliger aus dem neunzehnten Jahrhundert, verwendete dieses Bild häufig bei seinen Beschreibungen über die innere Glückseligkeit. Er sprach von hervorsprudelnden Quellen, schönen Gärten und Seen der Unsterblichkeit, in denen sich die Seele, dargestellt durch das Bild eines «Hansa» oder Schwanes, wundersamer Entzückungen erfreut. Wenn er von Quellen spricht, bezieht er sich jedoch nicht auf fließendes Wasser, sondern auf Fontänen aus Licht, Liebe und Glückseligkeit. In den Regionen der Seele gibt es keine Materie; der Vergleich mit Bildern aus der materiellen Welt macht aber die mystischen Berichte für uns verständlicher. Die innere Wonne mit der Freude in einem wunderschönen Garten zu vergleichen, vermittelt uns einen Vorgeschmack auf das, was uns im Inneren erwartet.

Dauerhafte Glückseligkeit

Erfahrungen von innerer Glückseligkeit sind von Dauer. Ihre Wirkung bleibt noch lange danach bei uns und versüßt unser Leben. Erinnerung daran läßt oft Tränen in den Augen der betreffenden Person aufsteigen und erhebt das Herz. Der Hl. Ignatius von Loyola zum Beispiel gestand Pater Laynez gegenüber, daß ihm eine Stunde Meditation in Manressa mehr spirituelle Wahrheiten lehrte, als alle Lehrer zusammen ihn hätten lehren können.

Eines Tages gewann er einen inneren Einblick in die göttliche Weisheit im Plan der Schöpfung der Welt. An einem anderen Tag war seine Seele ganz in Gott verzückt. Ihm wurde Einblick in das Mysterium der heiligen Trinität gewährt. «Diese letzte Vision überflutete sein Herz mit einer solchen Süße, daß ihn allein die Erinnerung daran zu späteren Zeiten unzählige Tränen vergießen ließ.» (William James, The Variety of Religious Experiences, S. 314-15)

Wenn wir einmal vom Wasser der Unsterblichkeit trinken, sind wir von endloser Berauschung erfüllt. Sant Darshan Singh hat viel über dieses Thema geschrieben. Er sagte:

> *In welchem Zustand lebt die Seele, die zurückkehrt, um ihre Lebensspanne in dieser Welt zu Ende zu leben? Wie kann sie die Ekstase, die sie erfahren hat, die Freude, den Frieden und die Berauschung, die jenseits allen menschlichen Verstehens liegt, vergessen?*
>
> (Die Quelle aller Liebe, S. 157)

Sant Kirpal Singh sagte einmal: «Wenn man diese Freude, solche Ekstase erlebt, vergißt man alle anderen Freuden.» (Die Quelle aller Liebe, S. 157)

Glückseligkeit läßt uns Schmerz vergessen

Die Glückseligkeit der Seele ist so mächtig, daß man tatsächlich durch Schmerz und Sorgen in dieser Welt gehen kann, sie zwar wahrnimmt, doch sie in einem Zustand der Glückseligkeit ertragen kann. Dies ist paradox und schwer zu verstehen. Man kann es am ehesten mit bestimmten Medikamenten vergleichen, die ein Arzt bzw. ein Zahnarzt verordnet. Man fühlt zwar den Schmerz, doch unser Gemüt wird davon nicht gestört. Das Medikament versetzt uns in einen Zustand, in dem man zwar den Schmerz im Körper spürt, doch die Weiterleitung zum Gehirn ist blockiert, so daß man ihn ertragen und übersehen oder vergessen kann. Obwohl dies ein schwacher Vergleich ist, vermittelt er uns doch eine Vorstellung der zweifachen Erfahrung: Daß man einerseits den Schmerz der Welt empfindet und andererseits im Inneren von Glückseligkeit erfaßt und deshalb vom Schmerz nicht berührt wird. Kabir sagte:

Ich habe viele Medikamente ausprobiert, fand aber keines wirkungsvoller als die Liebe.
Wenn Liebe von einem Teil des Körpers ausgeht,
breitet sie sich aus und verwandelt den ganzen Körper in Gold.
(Sufis, Mystics, and Yogis, S. 233)

Die Hl. Theresa von Avila beschrieb diesen Zustand sehr schön:

Oft schwach und in schrecklichen Schmerzen sich windend, bevor die Ekstase sie erfaßt, erhebt sich die Seele voller Gesundheit daraus und ist bewundernswert tatendurstig... als ob Gott zugestimmt hätte, daß der Körper, der bereits den Wünschen der Seele gehorcht, das Glück der Seele teilen sollte... Die Seele ist nach so einer Gunst mit solch großem Mut belebt, daß sie in diesem Augenblick nichts als lebendigstes Wohlbefinden spüren würde, wenn der Körper für Gott in Stücke gerissen würde.
(Innere Burg, S. 229-230, 231-233, 243)

Dieses Zitat gewährt uns Einblick darin, wie jemand, der seine Seele wieder in ihre ursprüngliche Kraft gebracht hat, sogar Folterung ertragen kann. Wie sonst hätte Jesus seine Kreuzigung ertragen? Guru Arjan Dev, der fünfte Guru der Sikhs, wurde gemartert. Man setzte ihn auf eine heiße Eisenplatte, unter der Feuer brannte, und rotglühender Sand wurde auf seinen Körper gestreut. Brandblasen bildeten sich an seinem ganzen Körper. Ein muslimischer Heiliger, Hazrat Mian Mir, konnte diesen Anblick nicht ertragen und sagte zu Guru Arjan Dev, daß er das ganze Mogulreich dem Erdboden gleichmachen würde, um zu rächen, was man ihm angetan hatte. Doch Guru Arjan Dev lehnte das Angebot mit den Worten ab: «Süß ist Dein Wille.» In welchem Zustand der Glückseligkeit befindet sich die Seele, wenn sie solchen Qualen widersteht und noch immer Liebe und Vertrauen in Gott hat!

Übung

Denken Sie an die größte Glückseligkeit, die Sie jemals in Ihrem Leben erfahren haben. Leben Sie diesen Augenblick noch einmal. Spüren Sie es in jeder Pore Ihres Wesens. Nun stellen Sie sich dieses Glück hundertfach vergrößert vor. Stellen Sie sich vor, dieses Glück zu erleben, auch wenn Sie durch leidvolle Momente in Ihrem Leben gehen, wie Krankheit, Unfall oder Verlust. Machen Sie diese Glückseligkeit in allen Aspekten des Lebens zu einem Teil von sich.

Wenn wir die Seele wieder in ihre Kraft setzen und von ihrem beglückenden Nektar trinken, sehen wir uns zwar noch immer den Schmerzen und Problemen des Lebens gegenüber, doch ein Strom von Berauschung stärkt uns nun von innen her – wie die Arme einer Mutter das Kind halten, das vom Arzt eine Spritze bekommt. Die Liebe der Mutter macht es dem Kind leichter, den Nadelstich zu ertragen. Man kann es auch damit vergleichen, daß ein Töpfer das zu formende Tongefäß mit seiner Hand von innen her stützt, während es eine Vorkehrung von außen her in Form bringt.

Sant Darshan Singh schrieb:

Ich bete, daß mich deine berauschenden Blicke
zu einem Fremden für Schmerz und Sorge machen,
o Mundschenk.

Dies ist der Zustand, den wir erreichen können, wenn wir unsere Seele erwecken und uns mit ihrem Zustand ewiger Glückseligkeit identifizieren.

Teil II

Was steht dem Erkennen unserer erwachten Seele im Wege?

8. Begrenzte Sichtweise

Die Seele befindet sich in einem Zustand unbegrenzter Weisheit, Unsterblichkeit, bedingungsloser Liebe, Furchtlosigkeit, Verbundenheit und Glückseligkeit. Und doch sind sich wenige von uns dieses Zustands bewußt. Wir nehmen unseren physischen Körper und unser Gemüt wahr, und bleiben doch unserer Seele unbewußt.

Wir schränken oft unsere Wahrnehmung auf die äußere Welt ein. Den Großteil unseres Lebens verbringen wir mit Dingen des weltlichen Daseins, und wenige wenden Zeit auf, um in die innere Welt zu blicken.

Die beiden Welten existieren gleichzeitig nebeneinander, doch wir haben nur eine davon erforscht. Somit wissen wir nichts von einem Bereich, der schöner und erfüllender ist als alles, was wir uns jemals vorstellen könnten.

Wie konnte solch ein grenzenloses Meer der Glückseligkeit und Weisheit uns verborgen bleiben? Wir gleichen Fischen im Meer, die sich fragen, wo eigentlich das Wasser ist. Was ist der Grund für unsere begrenzte Sichtweise und Wahrnehmung?

Was leisten Körper, Gemüt und Sinne, damit die Seele in der Welt wirken kann?

Die Wurzel, die grundlegende Ursache, weshalb wir unseren wahren Zustand vergessen haben, ist die Macht, die wir unserem Gemüt, dem Körper und den Sinnen einräumen. Wenn wir in die menschliche Existenz eintreten, erhält die Seele einen physischen Körper und ein Gemüt. Das ist erforderlich, damit die Seele auf dieser physischen Erde wirken kann. Die Seele besteht nicht aus Materie. Sie ist ein bewußtes Wesen. Sie ist Geist, aus dem selben Sein gemacht wie Gott. Besäßen wir keinen physischen Körper, könnten wir nichts berühren und mit nichts in Kontakt treten, was aus Materie besteht. Wir wären nicht fähig, Objekte dieser Welt zu bewegen, festzuhalten oder zu beeinflussen. Wir wären unsichtbar.

Ohne Körper hätten wir kein Gehirn. Das Gehirn gleicht einem Computer, der Botschaften von der Welt für unser Gemüt und unsere Seele erhält und diese interpretiert und Botschaften an die Welt zurücksendet. Das Gehirn ist das Kontrollzentrum für die fünf Sinne. Licht, das auf die Augen trifft, wird durch den Sehnerv an das Gehirn weitergeleitet, wo die Information gedeutet wird, damit unser Gemüt weiß, was wir sehen. Klangwellen, die an unser Ohr dringen, werden durch den Gehörgang an unser Gehirn weitergeleitet, damit wir Töne und Wörter, die wir hören, verstehen können. Das Sprachzentrum unseres Gehirns begreift das Gehörte und bringt eine Antwort hervor. Das Gehirn sammelt auch Informationen unseres Geschmacks- und Geruchssinnes. Rezeptoren in unserer Haut und im ganzen Körper senden Botschaften über das, was wir fühlen, an das Gehirn. Daher wissen wir, wenn wir etwas Warmes oder Kaltes berührt haben. Diese Sinne sind für uns Mittel, um zu erkennen, wo sich unsere Seele in dieser Welt der Zeit und der Materie befindet. Sie sind auch der Weg, um unsere Gedanken, Gefühle, Ideen, Pläne und Schöpfungen mit der äußeren Welt auszutauschen. Wenn wir etwas brauchen, erlaubt uns das Gehirn, Botschaften an andere auszusenden, damit wir Nahrung, Wasser, Sauerstoff, Kleidung, Unterkunft und Schutz vor Schaden haben, eben alles, was zum Leben erforderlich ist.

Hätten wir kein Gemüt, könnten wir nicht über die Informationen nachdenken, die wir von der Welt erhalten. Das Gemüt hat viele Funktionen. Es analysiert Daten, trifft Entscheidungen, wählt aus, hat Wünsche, schmiedet Pläne, erinnert sich, schöpft und zerstört. Das Gemüt ist mit der Information beschäftigt, die es von der Welt über die Sinneswahrnehmung und die Aufbereitung im Gehirn erhält. Das Gemüt verstrickt sich leicht in weltlichen Versuchungen. Daher wird es durch die Sinne schnell in die Welt hinausgezogen.

Die Sinne ziehen uns in die äußere Welt

Der Gesichtssinn ist sehr mächtig und macht einen großen Teil unserer Sinneseindrücke aus. Wir werden von schönen Landschaften, hübschen Kleidern und erlesenen Gemälden angezogen. Wir beobachten das Geschehen in der Welt und werden von ihren Ereignissen oft gefesselt.

Durch den Gehörsinn werden wir von äußerer Musik, den Geräuschen der Natur und den Gesprächen anderer angezogen. Einen Gutteil unseres Tages verbringen wir mit Sprechen und Zuhören. Bei der Arbeit, zu Hause oder in der Freizeit werden wir in Gespräche verwickelt. Unser Heim ist von den Klängen von Radio, Fernseher, Musikinstrumenten oder Computertönen erfüllt. Es gibt so viel zu hören und so viel kennenzulernen. Das Gemüt wird vom Geschwätz der Welt ständig eingefangen.

Den verbleibenden Rest der Sinneseindrücke erhalten wir über den Geruchssinn, den Geschmackssinn und den Tastsinn. Das Gemüt wird von duftenden Gerüchen der Erde angezogen: von Parfum, Blumen, Nahrung und der Natur. Wir wissen, wie sehr unser Gemüt vom Geschmackssinn angezogen wird. Wir wählen köstliche Speisen aus, um unsere Geschmacksnerven zu reizen. Wir suchen verschiedene Restaurants auf, um neue Geschmackserlebnisse zu genießen. Anzeigen wollen uns dazu verführen, neue Geschmacksrichtungen von Nahrungsmitteln und Getränken auszuprobieren. Viel Zeit wird im Bemühen verbracht, köstliche Speisen zu finden und sich daran zu erfreuen.

Eigentlich sollte die Seele, die alle Stärke und Macht besitzt, das Gemüt kontrollieren und das Gemüt seinerseits die Sinne. Doch die Anziehungskraft dieser Welt ist so gewaltig, daß unsere Sinne davon vereinnahmt werden. Die Botschaften, die von den Sinnen zum Gemüt gesandt werden, erscheinen als so zwingend, daß das Gemüt in ihren nie endenden Panoramen gefangen ist. Unsere Seele befindet sich daher in einem hilflosen Zustand, solange das Gemüt mit der Welt beschäftigt ist und von ihr vereinnahmt wird. In der Chandogya Upanishade der Hindus heißt es:

> *Dieser Körper ist sterblich und ständig im Griff des Todes, doch im Körper wohnt das unsterbliche Selbst. Wenn dieses Selbst mit unserem körperlichen Bewußtsein gleichgesetzt wird, unterliegt es Vergnügungen und Leid; und solange diese Gleichsetzung anhält, kann kein Mensch Freiheit finden von Vergnügen und Schmerz.*
>
> (Chandogya Upanishade 8.12.1).

Der feine Geist ist in der schweren Welt der Materie verloren. Seine schwachen Rufe bleiben ungehört, weil das Gemüt mit seinem Wirbel von weltlichen Aktivitäten dagegen konkurriert und ihn überwältigt.

Warum wurde die Seele überwältigt?

Wie konnte eine so mächtige Seele vom Gemüt und den Sinnen überwältigt werden? Die Antwort liegt darin, daß der äußere Ausdruck der Seele die Aufmerksamkeit ist. Unsere Aufmerksamkeit wird durch Gemüt und Sinne in den Karneval der Welt hinausgezogen. Stellen wir uns ein Kind vor, das zum erstenmal einen Vergnügungspark besucht. Die Eltern halten das Kind an der Hand, während sie es dahin begleiten. Doch kaum dort angelangt, möchte das Kind hier fahren und dort mitmachen, es möchte diesen und jenen Stand besuchen. In der Absicht, das Kind glücklich zu machen, stellen die Eltern fest, daß sie vom Kind von einer Attraktion zur anderen herumgeführt werden.

Ähnlich ist die Situation mit unserer Aufmerksamkeit: Sie wird vom Gemüt von einer weltlichen Aktivität zur nächsten gezerrt. Das Ergebnis ist, daß das Gemüt die Kontrolle übernimmt. Selbst wenn die Seele ihre Macht wieder zurückgewinnen möchte, hat das Gemüt bereits eine solch starke Gewohnheit gebildet, die Aufmerksamkeit auf die Welt zu konzentrieren, daß es für die Seele sehr schwer wird, die Kontrolle wiederzuerlangen.

Die Gewohnheiten des Gemüts sind sehr mächtig. Wir alle wissen, wie schwierig es ist, eine Gewohnheit aufzugeben. Wer sich zum Beispiel angewöhnt hat zu trinken oder zu rauchen, wird es als sehr schwer empfinden, das Gemüt diese Aktivitäten beenden zu lassen, wenngleich man genau weiß, daß sie für den Körper schädlich sind. Manche von uns stellen fest, daß wir, sobald wir die Gewohnheit haben, jeden Tag zu einer bestimmten Zeit aufzustehen und zur Arbeit zu gehen, sogar an freien Tagen zur selben Zeit aufwachen, auch wenn wir dies nicht wollen. Es gibt also zahlreiche Angewohnheiten, die wir schwer durchbrechen können. In ähnlicher Weise hat das Gemüt die Gewohnheit, unsere Aufmerksamkeit in die äußere Welt zu ziehen.

Falls wir die Kontrolle über unsere Aufmerksamkeit wiedererlangen und sie im Inneren konzentrieren könnten, würden wir unsere Seele in ihre ursprüngliche Stärke versetzen. Die erwachte Seele würde dann der Eigentümer des Hauses sein. Wir würden die verborgenen Reichtümer finden, die darauf warten, entdeckt zu werden.

Unsere Aufmerksamkeit hat die Wahrnehmung der Welt zur Gewohnheit gemacht

Unsere Sicht ist auf die äußere Welt von Gemüt und Materie beschränkt. Von Geburt an wird uns beigebracht, uns mit dem Spielzeug der Welt zu beschäftigen. Wer bringt uns bei, nach innen zu gehen? Können wir uns daran erinnern, daß uns Eltern oder Lehrer gezeigt hätten, wie wir unsere Wahrnehmung auf die unberührte Seite in uns ausdehnen können? Hat irgendwer jemals unsere Aufmerksamkeit nach innen gelenkt, als wir heranwuchsen? Wenn dies nicht der Fall war, dann hat sich unsere Aufmerksamkeit, vom Gemüt geleitet, daran gewöhnt, seinen Blick nur auf die äußere Welt zu richten. Unser Alter verrät uns, wie lange wir schon diese Gewohnheit haben, nach außen zu blicken. Je länger unsere Aufmerksamkeit auf die äußere Welt konzentriert war, desto mehr hat sich diese Angewohnheit in uns eingegraben.

Denken wir an den Alltag. Vom Augenblick an, wenn wir aufwachen, bis zum Moment, wenn wir uns in der Nacht zurückziehen, werden wir von der Welt bombardiert. Wer am Morgen zur Arbeit gehen muß, hat eine bestimmte Routine entwickelt, um sich fertig zu machen. Wir haben vielleicht familiäre Verpflichtungen, die unserer Aufmerksamkeit bedürfen. Die Zeitung ruft mit ihren dicken Schlagzeilen auch nach unserer Aufmerksamkeit. Vielleicht schaltet jemand Fernseher oder Radio ein, um Nachrichten, Verkehrsfunk und den Wetterbericht zu hören. Nach dem Anziehen und Frühstücken müssen wir schließlich fort zur Arbeit. Unsere Aufmerksamkeit gilt dem Ziel, trotz Straßenbauarbeiten und Verkehrsstaus rechtzeitig unsere Arbeit zu erreichen. An der Arbeitsstätte angelangt, müssen wir uns unseren Aufgaben widmen, während oft gleichzeitig Gespräche um uns herum stattfinden, die unsere Aufmerksamkeit an sich ziehen oder uns ablenken. Nach der Arbeit kämpfen wir uns auf dem Heimweg durch denselben Verkehr. Wenn wir zu Hause angelangt sind, erwarten uns vielleicht Haushaltspflichten oder familiäre Aufgaben. Wir hören uns an, was

Ehepartner oder Kinder über ihren Tag zu berichten haben. Dann wird der Fernseher wieder eingeschaltet und läuft vielleicht mehrere Stunden lang. Bis die Familie zu Bett gegangen ist, sind wir selbst vielleicht erschöpft und ebenfalls bereit einzuschlafen. Ein Tag nach dem anderen vergeht auf dieselbe Art und Weise. Es scheint, als hätten wir keine Zeit, um in der Stille des eigenen Selbst zu sitzen und zu entdecken, wer wir wirklich sind. Solange wir nicht versuchen, unsere Aufmerksamkeit nach innen zu lenken, können wir unsere Seele nicht erkennen und ihr nicht die Kraft geben, um die Kontrolle über die Aufmerksamkeit zu übernehmen.

Übung

Führen Sie ein Tagebuch. Notieren Sie, wohin sich Ihre Aufmerksamkeit richtet und welcher Sinn im Verlauf der täglichen Aktivitäten eingeschaltet ist. Rechnen Sie nach, wieviel Zeit Sie täglich in der Stille Ihres Selbstes verbringen.

Unseren Blick erweitern

Es gibt eine Geschichte von zwei Fröschen, die ihr ganzes Leben in einem Brunnen verbrachten. Eines Tages hüpfte einer der beiden Frösche aus dem Brunnen heraus und verschwand. Er blieb für einige Tage aus, und als er wieder zurückkam, fragte ihn der erste Frosch, wo er gewesen war.

«Außerhalb des Brunnens gibt es eine so große Welt», antwortete der zweite Frosch und begann, alle Bilder und Klänge zu beschreiben, die er gesehen und gehört hatte.

«Du mußt dir das alles einbilden», bemerkte der erste. «Es gibt doch nichts außer diesem Brunnen. Du stellst dir die Dinge, über die du mir erzählt hast, nur vor. Wenn es all diese Dinge wirklich gäbe, die du beschreibst, würden sie sich sicherlich in diesem Brunnen befinden. Ich habe sie aber nicht gesehen. Daher können sie überhaupt nicht existieren.»

Wir verhalten uns oft wie dieser erste Frosch. Wir glauben vielleicht, daß nichts anderes existiert, weil wir noch nicht alles gesehen haben, was es gibt. Wir denken vielleicht, diese Welt ist das einzige, was es in der Schöpfung gibt, anstatt die Möglichkeit in Erwägung zu ziehen, daß die Schöpfung mehr umfaßt als das physische Universum. Wir verschließen unser Gemüt wie der Frosch im Brunnen. Mit einer experimentellen Einstellung würden wir sagen: «Vielleicht gibt es im Leben mehr, als ich sehe. Ich möchte selbst herausfinden, ob ich mehr bin als mein Körper und Gemüt.»

Es gab eine Zeit, in der die Menschen die Welt für eine Scheibe hielten, bis Entdecker den Beweis erbrachten, daß die Erde rund ist. Auch gab es eine Zeit, in der Wissenschaftler die Ansicht vertraten, daß die Erde der Mittelpunkt des Universums sei und daß sich die Sonne um die Erde drehe, bis sie feststellten, daß diese Sicht des Universums falsch war. Es gab eine Zeit, in der wir die Materie als festen Stoff betrachteten, bis wir herausfanden, daß sich im Atom zahlreiche subatomare Teilchen befinden, die eigentlich tanzende Energiepakete sind. Die Entdeckungen der letzten Jahrhunderte sollten uns zu bedenken geben, daß das, was wir einst für die Natur der Welt und unsere physikalische Realität hielten, vielleicht ganz anders ist.

Im Verlauf der Zeitalter gab es immer schauende Menschen, die ihre Seele entdeckten. Sie hinterließen Berichte ihrer Erfahrungen in Form von Schriften oder mündlichen Überlieferungen, die dann von ihren Schülern niedergeschrieben wurden. Wir sind Nutznießer davon und können diese Techniken selbst ausprobieren. Mit einiger Übung können wir unsere innere Schau erweitern. Wir müssen nur die entsprechende Technik erlernen.

Wir brauchen ein brennendes Verlangen danach, herauszufinden, wer wir wirklich sind. Wir brauchen eine Sehnsucht danach, unser wahres Selbst zu erkennen. Wir wissen: Wenn wir etwas intensiv anstreben, dann können wir uns so sehr darauf konzentrieren, daß alle anderen Ablenkungen abgeblockt werden. Wenn das Verlangen erwacht, unser wahres Selbst zu erkennen, können wir unsere Zeit und Aufmerksamkeit dafür einsetzen, daß wir es tatsächlich entdecken. Alle anderen Ablenkungen fallen dann ab. Wenn wir uns danach sehnen, unsere Seele zu erwecken, gibt die Seele eine Antwort, und ihr zartes Rufen wird hörbar. Ihre eigene Kraft mobilisiert sich, und unsere Aufmerksamkeit kann dies nicht mehr länger ignorieren. Je stärker der Schrei der Seele wird, desto mehr wird unsere Aufmerksamkeit davon angezogen. Mit der Zeit kann der Ruf der Welt immer schwächer werden, während unsere Aufmerksamkeit unwiderstehlich zur Liebe, zur Musik und zur Glückseligkeit unserer Seele hingezogen wird.

9. Zielloses Herumtreiben

Treiben wir im Meer des Lebens umher, hin und her geworfen von einem turbulenten Problem und einer Krise zur nächsten? Wie können wir den Sinn unseres Lebens erfüllen?

Wenn wir versäumen, Aufmerksamkeit auf unsere Seele zu richten, vergeht die Zeit, und wir laufen Gefahr, das Ziel unseres kostbaren menschlichen Lebens nicht zu erreichen.

Die meiste Zeit über sind wir so beschäftigt, daß wir kaum einen Augenblick übrig haben, um über unser Leben, unsere Ziele und unsere Prioritäten nachzudenken. Manchmal hat es den Anschein, als gehörte unser Leben nicht wirklich uns. Unser Tagesablauf wird oft von unserem Arbeitgeber oder von Familienmitgliedern, die uns brauchen, bestimmt. Die Anzahl der Arbeitstage, Urlaub und Freizeit werden vielfach von den Anforderungen unserer Arbeit und der Höhe des Geldes, das wir verdienen müssen, festgelegt.

Auch werden wir von körperlichen Bedürfnissen eingeschränkt. Wir müssen beispielsweise täglich eine bestimmte Zahl an Kalorien zu uns nehmen. Um die Nahrungsmittel zu kaufen, die wir brauchen, müssen wir etwas verdienen. Wir müssen arbeiten, um die Rechnungen zu zahlen, die für unseren Lebensunterhalt anfallen. Wenn wir krank werden, müssen wir Zeit einsetzen, um die Krankheit zu heilen. Falls wir Kinder haben, müssen wir uns um ihre schulischen Verpflichtungen, ihre Freizeit und ihre körperlichen und emotionalen Bedürfnisse kümmern. Es scheint, daß es kaum einen freien Augenblick gibt, der uns übrigbleibt, um in die Stille zu gehen und darüber nachzudenken, wohin unser Leben eigentlich führt.

Wie verbringen wir gegenwärtig unsere Zeit?

Verschiedene Studien haben untersucht, wieviel Zeit wir in unserem Leben für bestimmte Aktivitäten einsetzen. Die Ergebnisse sind erstaunlich. Nehmen wir zum Beispiel an, daß unser Leben siebzig Jahre währt. Bei täglich acht Stunden Schlaf bedeutet dies, daß wir dreiundzwanzig Jahre unseres Lebens im Schlaf verbringen. Arbeiten wir vom zwanzigsten bis zum fünfundsechzigsten Lebensjahr vierzig Stunden pro Woche, also insgesamt fünfundvierzig Jahre lang, so macht dies fünfzehn Jahre aus. Verbringen wir zwei Stunden täglich mit Essen und der Zubereitung der Mahlzeiten, macht das ungefähr sechs Jahre aus. Wenn wir jeden Tag eine Stunde brauchen, um uns anzuziehen und auszuziehen, sowie eine bestimmte Zeit zum Waschen sowie zum Kaufen oder Nähen von Kleidung, kann das durchschnittlich rund fünf Jahre in Anspruch nehmen. Es ist möglich, daß wir ein Jahr unseres Lebens mit Telefonieren verbringen, drei Jahre mit dem Warten auf andere oder indem wir einer Schlange anstehen, sechs Jahre mit Autofahren, sechs Jahre mit Freizeitaktivitäten und zwei Jahre mit Gelegenheitsarbeiten und anderen Verpflichtungen. Da bleiben uns nur noch drei Jahre übrig. Wenn jemand einmal in der Woche zwei Stunden zum Gottesdienst geht, bleiben uns weniger als zwei Jahre. Unsere Zeit wird auf eine Weise verbraucht, daß nur noch etwa zwei Jahre unseres Lebens für spirituelle Übungen zur Verfügung stehen.

In den Schriften der Sikhs heißt es:

Im Schlaf verschwenden wir unsere Nächte,
Mit dem Füllen unseres Bauches die Tage.
Dieses Leben, kostbar wie ein Juwel,
wird für eine Kaurimuschel verwirkt.
O unwissender Narr!
Du, der du den Namen Gottes nie erkannt hast,
Am Ende wirst du es sehr bedauern.
(Adi Granth, Gauri Bairagani, M.1, S. 156)

(Der «Name Gottes» im Vers oben bezieht sich auf das «Wort» bzw. das innere Licht und die Himmelsmusik, also die sich der Seele offenbarende Gotteskraft. Anm. d. Ü.)

Schnell verwandeln sich Tage in Wochen, Wochen in Monate, Monate in Jahre und Jahre in Jahrzehnte. Bevor wir es richtig bemerken, ist ein Großteil unseres Lebens vergangen. Wohin ist die Zeit verflogen? Wohin ist sie verschwunden? Was ist eigentlich geschehen? Haben wir den besten Gebrauch von unserem Leben gemacht? Dies sind Fragen, die sich viele unter uns zu irgendeinem Zeitpunkt in ihrem Leben stellen.

Zeit am besten nutzen

Es gibt eine Geschichte über einen Holzfäller. Er arbeitete hart, um seinen Lebensunterhalt zu verdienen. Eines Tages ging der König durch die Wälder und entdeckte den Holzfäller bei seiner schweren Arbeit. Er bedauerte dessen Armut und wollte ihm irgendwie helfen.

«Holzfäller», sagte der König, «ich habe Land mit einigen Sandelholzbäumen. Ich werde dir dieses Land übergeben, damit du es so gebrauchen kannst, daß du reich wirst.» Der Holzfäller bedankte sich beim König und übernahm als neuer Eigentümer das Land. Er erkannte den Wert der Sandelholzbäume nicht, und so kam es, daß er die Bäume fällte und zum selben Preis wie gewöhnliche Bäume verkaufte. Nachdem die meisten Bäume gefällt waren, kehrte der König zurück. Er erwartete, daß der Mann nun reich sei, und war schockiert, als er ihn noch immer in Armut vorfand.

«Wie ist es möglich, daß du beim Verkauf der Sandelholzbäume kein Geld verdient hast?» fragte der König, «diese Bäume sind doch sehr viel wert!»

Der Holzfäller erkannte, daß er eine goldene Gelegenheit versäumt hatte. Es waren nur noch wenige Bäume übrig, die er nun zum richtigen Preis verkaufte. Nun verdiente er genug, um ein angenehmes Leben führen zu können.

Die Geschichte des Holzfällers ist die Geschichte unseres Lebens. Die Sandelholzbäume gleichen der Anzahl der Atemzüge, die uns für unser Leben gewährt wurden. Doch wie der Holzfäller verschwenden wir einen Großteil der kostbaren Atemzüge und der Zeit mit wertlosen Aktivitäten. Anstatt mit unserem Geschenk spirituelle Reichtümer anzusammeln, vergeuden wir unsere Zeit mit Kleinigkeiten. Die Zeit ist kostbar. Wenn sie einmal verstrichen ist, können wir sie nicht mehr zurückholen. Machen wir den besten Gebrauch von unserer Zeit! Dann können wir nämlich den spirituellen Reichtum erwerben, der unsere wildesten Träume bei weitem übersteigt.

Es gibt ein Sprichwort, das uns an die Bedeutung jedes Atemzuges erinnern soll. Betrachten wir einmal jeden Augenblick. Wofür tauschen wir einen Augenblick unseres Lebens ein? Wollen wir ihn für ein Denken voller Ärger oder Habgier eintauschen? Wollen wir ihn verschwenden, indem wir über die Vergangenheit brüten oder uns über die Zukunft Sorgen machen? Wollen wir ihn mit Vergnügungen verbringen, die eigentlich wertlos sind? Oder wollen wir diesen Augenblick für die Entdeckung einsetzen, wer wir wirklich sind und warum wir hier sind? Was ist der wertvollste Gebrauch dieses Augenblicks für uns in unserem Leben?

Lassen Sie uns nicht ziellos im Meer der Lebens umhertreiben! Wir müssen eine gewisse Zeit im Leben dafür einsetzen, um uns zu entscheiden, welchen Weg wir einschlagen wollen. Sant Kirpal Singh nahm sich in frühen Jahren Zeit, um sich zu entscheiden, was er aus seinem Leben machen wollte. Nach intensiver Suche in seiner Seele entschloß er sich letztlich: «Gott zuerst, und die Welt danach.» Er beschloß, als erstes und höchstes Ziel Selbsterkenntnis und Gotterkenntnis zu erlangen. Mit diesem Ziel vor Augen, war sein Weg festgelegt, und er hielt niemals inne, bis er sein Ziel erreicht hatte.

Wenn wir das Leben großer Persönlichkeiten betrachten, so finden wir heraus, daß viele von ihnen eine Richtung für ihr Leben festgelegt hatten. Sie haben sich vielleicht unterschiedlichen Interessen zugewandt – Kunst, Hobbies, Wissenschaft, Forschung oder spirituelle Entwicklung –, doch hatten sie alle eines gemeinsam: Sie trieben nicht ziellos herum, sondern sie hatten sich einen Kurs gesetzt und folgten ihm.

Teg Bahadur, der neunte Guru der Sikhs, verbrachte Jahre damit, in einem kleinen Raum zu meditieren, bis er Gott fand. Buddha verließ sein Königreich, um Erleuchtung zu suchen. Jahrelang suchte er nach Antworten auf Fragen nach dem Wesen der Welt und unserer Existenz. Der Prophet Mohammed verbrachte viele Jahre in einer Höhle, um nach Allah zu suchen.

Unseren Zeitplan neu einteilen

Falls wir unsere Seele wirklich entdecken wollen, müssen wir dafür Zeit einsetzen. Wir haben gesehen, wie schnell unsere Lebenszeit allein durch die Aufgaben verbraucht wird, unseren physischen Körper am Leben zu erhalten und zu pflegen. Beschäftigungen wie essen, schlafen, sich anziehen oder arbeiten nehmen einen Großteil unserer Zeit in Anspruch. Da wenig Zeit übrig bleibt, wollen wir feststellen, wie wir den besten Gebrauch davon machen. Wie beim Holzfäller möchten wir das kostbare Geschenk der Zeit nicht vergeuden.

Analysieren wir nun unseren Tagesablauf mit seinen vierundzwanzig Stunden. Wir können den Tag auf der Grundlage des Zeitaufwands in unserem Leben folgendermaßen einteilen:

Schlafen:	8	Stunden
Essen:	2	Stunden
Anziehen:	1	Stunde
Fahrtzeiten:	2	Stunden
Arbeit:	8	Stunden
Haushalt:	1,5	Stunden
Freizeit:	1,5	Stunden
Gesamt:	24	Stunden

Wie können wir noch Zeit erübrigen, um unsere Seele zu finden? Wir können vielleicht etwas Zeit von unserem Schlaf abzweigen. Medizinische Studien haben ergeben, daß wir uns durch Aktivitäten wie Meditation oder tiefes Gebet nachhaltig ausruhen und entspannen.

Woher können wir die restliche Zeit nehmen? Wenn unser Arbeitstag fest eingeteilt ist, kann man an der Zeit für Essen, Ankleiden und Haushalt nichts ändern; übrig bleiben daher nur noch die 1,5 Stunden für die Freizeit. Es ist uns möglich, davon noch mehr Zeit zu den zwei Stunden hinzuzufügen, die wir vom Schlaf abgezweigt haben.

Selbst wenn wir unserer Seele täglich zwei Stunden Zeit widmen, ergeben sich dadurch nur insgesamt sechs Jahre in unserem ganzen Leben. Denken wir an die Zeit, die wir in der Schule oder für die berufliche Ausbildung verbringen, so macht dies nicht viel Zeit aus im Verlauf unseres Lebens. Falls wir das Licht und den Reichtum unserer Seele wirklich entdecken wollen, erscheinen sechs Jahre, die wir für unsere spirituelle Suche aufwenden, nicht als eine lange Zeit. Je mehr Zeit wir für diese Suche einsetzen können, desto besser ist es.

Übung

Machen Sie einen Zeitplan von Ihrem Tagesablauf. Erstellen Sie eine neue Zeiteinteilung, in der Sie Zeit für die Meditation einplanen. Versuchen Sie, Meditation zu einem Teil Ihrer täglichen Routine zu machen.

Ziele setzen

Es ist sehr entscheidend, daß wir uns Ziele setzen. Das ist nicht nur für unsere spirituelle Suche gut, sondern für alle Aspekte des Lebens. Falls wir eine bestimmte Karriere einschlagen wollen, müssen wir Zeit für ein Studium einsetzen. Falls wir eine bestimmte Summe an Geld ansammeln wollen, müssen wir einen Sparplan entwerfen. Falls wir ein Hobby ausüben oder ein Talent entwickeln wollen, müssen wir Zeit zum Üben einsetzen, damit wir gut darin werden. In ähnlicher Weise müssen wir auch Zeit für unser spirituelles Ziel einplanen, wenn wir die spirituelle Seite unseres Lebens entwickeln und die Seele erwecken und stärken wollen.

Oft machen Menschen das spirituelle Ziel zu ihrer letzten Priorität. Täglich machen sie alles, was sie wollen, und falls Zeit übrigbleibt, setzen sie diese vielleicht für ihre Seele ein. Doch nur zu oft werden wir von den Stürmen des Lebens so gefangen, daß für unsere Seele keine Zeit mehr übrig bleibt. Daher müssen wir unser Leben unter Umständen so verändern, daß wir uns zuerst Zeit für unsere Seele nehmen. Falls wir täglich mehrere Stunden zuerst unserem spirituellen Ziel widmen und diese Stunden als heilige Zeit für uns selbst reservieren und dann erst die übrigen Stunden mit den Aktivitäten in unserem Leben auffüllen, können wir unser spirituelles Ziel erreichen.

Der Schlüssel, um Zeit für die Spiritualität zur Priorität zu machen, besteht darin, ihre Bedeutung im Verhältnis zum Rest der Zeit, die wir hauptsächlich dem Körper widmen, richtig zu ermessen. Was gewinnen wir, falls wir nur dafür leben, um den physischen Körper zu erhalten? Falls wir mehr erreichen möchten, als nur unseren Körper zu versorgen, falls wir unseren Intellekt entwickeln möchten, unsere kulturelle Seite, unsere spirituelle Seite, oder einen Beitrag für die Welt leisten wollen, dann müssen wir diesen Zielen eine entsprechende Zeit zuordnen.

Falls wir Zeit für die spirituelle Seite aufwenden und unsere Seele stärken, dann werden wir feststellen, daß sich die Entwicklung in anderen Bereichen unseres Lebens leichter vollzieht. Wenn wir in unsere Seele und ihre unbegrenzte Weisheit, ihre Glückseligkeit, ihre Unsterblichkeit, ihre Furchtlosigkeit und ihre Verbundenheit eintauchen, sehen wir, daß wir uns auch auf anderen Gebieten besser entwickeln können. Das kann uns helfen, unsere Leistungen in vielen Aspekten des Lebens zu verbessern. Es ist so, wie wenn wir Geld auf ein Sparkonto tun: Das Geld wird Zinsen ansammeln, die uns später bei unseren anderen Ausgaben helfen werden.

Die Entscheidung liegt bei uns. Falls wir unsere Seele erwecken und uns an ihren Geschenken erfreuen möchten, dann können wir Prioritäten für unser tägliches Leben festlegen und daran festhalten. Vielleicht finden wir noch andere kreative Wege, um die Zeit besser einzuteilen und mehr Zeit der Stärkung der Seele zu widmen. Dadurch werden wir uns innerer Glückseligkeit, Frieden und Liebe erfreuen.

10. Schichten, die die Seele bedecken

Unsere Seele wird von vielen Schichten bedeckt. Diese Schichten sind die Eindrücke, die im Verlauf unseres ganzen Lebens gesammelt wurden und durch all unsere Gedanken, Worte und Taten in uns eingeprägt sind. Falls unsere Handlungen negativ sind, ist es, wie wenn wir dunkle Flecken auf eine reine Haut machen. Diese dunklen Flecken müssen entfernt werden, bevor wir die strahlende Seele erfahren können. Die Unreinheiten können durch Gedanken, Worte oder Handlungen verursacht werden, die aus Ärger, Lust, Habgier, Verhaftung und Ego entstehen und uns davon abhalten, die reine Energie und Kraft der Seele zu erfahren. Wir müssen die Schichten entfernen, die den lichtvollen Glanz unserer Seele blockieren.

Um das noch besser zu verstehen, wollen wir das Beispiel von elektrischem Licht heranziehen. Der Glühfaden, der Licht ausstrahlt, ist von einer gläsernen Birne umhüllt, von einer dünnen Hülle, die transparent genug ist, damit das Licht durchscheinen kann. Wenn wir jedoch einen Lampenschirm über die Glühbirne geben, wird das Licht ein wenig gedämpft. Wenn wir die Lampe betrachten, sehen wir Licht durch diesen Schirm scheinen, doch sehen wir die Glühbirne nicht. Wenn wir nun einen farbigen Stoff um den Lampenschirm wickeln, wird das Licht noch gedämpfter und nimmt die Farbe des Stoffes an. Von dem strahlend weißen Licht, das von der Glühbirne ausgeht, erkennen wir nun noch weniger. Wenn wir schließlich den Lampenschirm mit einem Tuch oder einer Decke umhüllen, wird das Licht noch schwächer. Je mehr Schichten wir hinzufügen, desto weniger Licht sehen wir. Genauso ist es mit unserer Seele. Unsere Seele erstrahlt in einem Glanz, größer als von vielen Sonnen. Welche Kraft und Strahlung sie besitzt! Doch sie ist von vielen Schichten aus Ärger, Lust, Habgier, Verhaftung und Ego bedeckt.

Das wahre Wesen der Seele ist Liebe

Gott ist Liebe. Die Seele ist vom selben Wesen wie Gott. Daher ist die Seele ebenfalls Liebe. Wo Liebe ist, gibt es keinen Platz für Gewalt und Ärger. Wo Liebe ist, gibt es keinen Raum für Unehrlichkeit, Täuschung und Lüge. Wo Liebe ist, gibt es keinen Platz für Habgier und Ichsucht. Wo Liebe ist, gibt es keinen Raum für das Ego. Und wo Reinheit ist, hat Lust keinen Platz. Falls irgendeine negative Eigenschaft von einer Beziehung Besitz ergreift, leidet die Liebe. Falls negative Eigenschaften unsere Seele beflecken, werden wir aus unserem erwachten Zustand weggezogen.

Denken wir nun an eine Zeit, in der wir jemanden von ganzem Herzen und von ganzer Seele liebten. Dies kann die Liebe zwischen Eltern und Kind sein, die Liebe unter guten Freunden, Ehepartnern oder Geliebter und Geliebtem. Wenn wir jemanden lieben – könnten wir jemals davon träumen, diese Person irgendwie zu verletzen? Könnten wir je daran denken, unaufrichtig zu sein und sie zu belügen? Könnten wir je daran denken, diese Person zu verletzen, um unsere eigene Lust zu befriedigen? Könnten wir uns je vorstellen, selbstsüchtig und habgierig zu sein und mit ihr nicht zu teilen oder ihr nicht zu geben, was sie braucht?

Das schöne Gebet des Hl. Franziskus von Assisi faßt den Zustand zusammen, wie die erwachte Seele mit dem Leben umgeht:

O Herr, mach mich zum Werkzeug Deines Friedens.
Wo Haß ist, laß mich Liebe säen!
Wo Kränkung ist, Vergebung,
Wo Zweifel ist, Glauben.
Wo Verzweiflung ist, Hoffnung.
Wo Dunkelheit ist, Licht.
Und wo Traurigkeit ist, Freude.
O göttlicher Meister, gewähre mir, daß ich nicht so sehr danach trachte, getröstet zu werden, sondern zu trösten, verstanden zu werden, sondern zu verstehen, geliebt zu werden, sondern zu lieben.
Denn durch Geben empfangen wir,
durch Vergebung wird uns verziehen
und durch Sterben werden wir zum ewigen Leben geboren.

Die Seele wirkt von einem Ort der Liebe aus. All ihre Entscheidungen gründen auf Liebe. All ihre Handlungen werden von Liebe bewegt. Wir können herausfinden, wer bei uns das Sagen hat, indem wir einschätzen, ob wir von Liebe oder Ärger, Lust, Habgier, Verhaftung und Ego angetrieben sind. Immer, wenn diese fünf tödlichen Leidenschaften ihr häßliches Haupt erheben, können wir sicher sein, daß unsere Seele überwältigt worden ist. Wie es in den Schriften der Sikhs heißt:

Fünf Diebe wohnen in diesem Körper:
Lust, Ärger, Habgier, Verhaftung und Ichsucht.
(Adi Granth, Sorath, M. 3, S. 600)

In den christlichen Schriften finden wir:

Offenbar sind aber die Werke des Fleisches, als da sind: Unzucht, Unreinigkeit, Ausschweifung, Götzendienst, Zauberei, Feindschaft, Hader, Eifersucht, Zorn, Zank, Zwietracht, Spaltungen, Neid, Saufen, Fressen und dergleichen, von welchen ich euch vor-

ausgesagt habe und sage es noch einmal voraus, daß, die solches tun, werden das Reich Gottes nicht erben. Die Frucht aber des Geistes ist Liebe, Freude, Friede, Geduld, Freundlichkeit, Glaube, Sanftmut, Keuschheit. Wider solche ist das Gesetz nicht.

(Galater 5, 19-23)

Immer dann, wenn wir die Verantwortung übernehmen und dem Zug der negativen Eigenschaften widerstehen, räumen wir der Seele wieder den Platz auf dem Fahrersitz ein. Wir können uns für ein Leben entscheiden, das von Güte regiert wird.

Welche Rolle spielt das Gemüt als Ursache dafür, die Seele mit Schichten zu umgeben?

Wenn das Gemüt von seinen Wünschen getrieben wird, kann es die zarte Seele überwältigen. Man sollte meinen, daß die Seele mit ihrer unbegrenzten Kraft stark und widerstandsfähig sein könnte, doch liegt es in der Natur der Welt, daß das Gemüt hier in seinem Heimatgebiet wirkt.

Die Situation gleicht der von zwei Basketball-Teams in der Ausscheidungsrunde. Das Team, das in der eigenen Stadt spielt, genießt den Heimvorteil. Die Zuschauer feuern diese Mannschaft an, die sich in ihrer eigenen Umgebung wohl fühlt.

Genauso ist das Gemüt in der Welt zu Hause. Die Seele ist nur ein Gast, der vorübergehend auf Besuch ist. Das Gemüt hat in dieser Welt der Materie den Heimvorteil, während die Seele hier nicht in ihrem Element ist.

Die Wünsche des Gemüts führen es in eine Fülle von Situationen, damit es erhält, was es will. Es wird vor nichts halt machen, wenn es um die Erfüllung seiner Wünsche und Bedürfnisse geht. In den Schriften der Hindus, in der Bhagavad Gita, fragt Arjuna Lord Krishna: «Was ist die Kraft, die uns an ichsüchtige Handlungen bindet, o Krishna? Welche

Kraft bewegt uns, selbst gegen unseren Willen, als ob sie uns zwingt?» Krishna antwortete:

> *Es sind ichsüchtiges Verlangen und Zorn, die aus einem Zustand entstehen, der als Leidenschaft bekannt ist. Dies sind die Versuchungen und Sünden, die den Menschen in diesem Leben bedrohen. Genauso, wie Feuer durch Rauch verhüllt oder ein Spiegel durch Staub verdunkelt wird, wie ein Embryo tief im Schoß umhüllt ist, so wird Wissen von ichsüchtigem Verlangen verborgen – versteckt, Arjuna, durch dieses unersättliche Feuer nach Ich-Befriedigung, dem eingefleischten Feind des Weisen. Ichsüchtiges Verlangen findet man in den Sinnen, im Gemüt und im Intellekt; es führt in die Irre und begräbt Weisheit in Täuschung. Kämpfe mit all deiner Stärke, Arjuna! Kontrolliere deine Sinne, besiege deinen Feind, den Zerstörer von Wissen und Verwirklichung.*
>
> (Bhagavad Gita 3, 36-41)

Wenn die Seele ruft, um gehört zu werden, geschieht das in der Form des sanften Flüsterns unseres Gewissens. Es bedarf enormer Willenskraft und innerer Stärke, um auf unser Gewissen zu hören. Wie oft sind wir einer Situation gegenüber gestellt worden, in der wir das Gefühl hatten, die Grenze zwischen richtig und falsch zu überschreiten? Wir wissen, welche Entschlußkraft und Stärke wir brauchen, um der schwachen Stimme des Gewissens zu gehorchen.

Während das Gemüt auf seinem Spielfeld Amok läuft, verfängt es sich in den fünf tödlichen Leidenschaften: Ärger, Lust, Habgier, Verhaftung und Ego. Jedesmal, wenn wir den Wünschen des Gemüts nachgeben, blockieren noch mehr Schichten unsere strahlende Seele.

Wie erzeugen Zorn und Gewalt Schichten, die unsere Seele bedecken?

Das wahre Wesen der Seele ist Gewaltlosigkeit; Zorn ist ihr fremd. Denken Sie an eine Mutter mit ihrem hilflosen Kleinkind. Die Mutter liebt das Kind abgöttisch. Sie ist mit so viel Liebe für ihr Kind erfüllt, daß sie keinen Raum für Ärger hat. Das Kleine mag am Haar der Mutter reißen, es mag die Mutter mit seinen Fäustchen schlagen oder die Kleider der Mutter schmutzig machen. Die Mutter ist so mit Liebe für das Kind erfüllt, daß sie sein Verhalten mit Verständnis und Mitgefühl duldet. Dies ist ein ganz guter Vergleich dafür, wie unsere Seele funktioniert, wenn sie wieder erweckt ist.

Die Seele beobachtet das Spiel der Welt von einem Ort des Friedens und der Zufriedenheit aus. Sie ist mit Gott im Einklang, und somit sind Zorn und Gewalt nicht Teil ihres Bewußtseins. Ein afrikanisches Sprichwort lautet: «Wer immer auch einem anderen Böses zufügt, denkt nicht an den Herrn.»

Durch die Aktivitäten des Gemüts wird sich die Seele der Gewalt und des Zorns in der Welt bewußt, doch sie läßt sich nicht mit hineinziehen, darauf zu reagieren. Sie ist wie die Sonne, die sich nicht um die vorüberziehenden Wolken kümmert, die ihre Strahlen daran hindert, auf die Erde zu scheinen. Sie sendet weiterhin ihre warmen, lebenspendenden Strahlen aus im Bewußtsein, daß die Wolken vorüberziehen werden.

Die Seele sendet Strahlen des Friedens und der Gewaltlosigkeit aus. Wenn wir der Seele in unserem Leben die Oberhand einräumen, wird sie selbst vor dem Anblick von Bösem und Gewalt ruhig und in Harmonie bleiben und ihre Strahlen ohne Hemmung weiterhin aussenden.

Wie ist es möglich, daß sich die Menschen in der Welt der Gewalt ergeben, wenn die Seele gewaltlos ist? Gewalt stellt sich ein, wenn wir für die Liebe in unserer Seele taub sind und uns statt dessen auf die Sendestation unseres Gemüts einstimmen. Unser Gemüt möchte, daß all sein Verlangen in Erfüllung geht. Wenn es seine Wünsche nicht erfüllt bekommt, wird es zornig. Es schlägt auf jeden und alles ein, der bzw. das es von der Erfüllung seines Verlangens abhält.

Welche Arten von Wünschen hegt das Gemüt? Manche Menschen verlangen nach materiellen Dingen: Geld, Luxusartikel, schöne Häuser, tolle Autos und teuren Schmuck. Andere Menschen trachten nach Rang und Ruhm. Wieder andere begehren Macht. Es gibt unzählige Wünsche und zahllose Ausdrucksformen von Zorn in dieser Welt.

Ärger äußert sich vielfältig. Wir können in Gedanken ärgerlich sein. Andere Menschen wissen vielleicht nicht, was wir denken, doch die Schwingung des Zorns strahlt von uns aus. Der Ärger kann auch auf nonverbale Weise zum Ausdruck kommen: durch unsere Körpersprache, den Gesichtsausdruck oder den Tonfall der Stimme. Selbst wenn wir diese äußeren Indizien kontrollieren, entfliehen uns Schwingungen des Ärgers, die andere Menschen wahrnehmen können.

Wir glauben, daß unsere Gedanken niemanden verletzen können, doch sie prägen in der Tat einen Eindruck, der eine weitere Schicht auf unsere Seele legt und gleichzeitig die Person verletzt, mit der wir zu tun haben. Letztendlich trifft Zorn nicht so sehr die Person, gegen die er sich richtet, sondern den Absender. Wie ein Bumerang kommt er auf uns zurück und kann uns schaden. Dies ist ein höheres spirituelles Gesetz, das man weder brechen, verändern oder verwandeln kann.

Eine andere Art und Weise, wie Ärger zum Ausdruck kommt, ist über Worte. Wir richten unsere Zunge gegen jemanden und sagen verletztende Worte. Wir kritisieren, verleumden und sprechen hinter dem Rücken schlecht über andere.

Wir denken vielleicht, daß wir nicht verletzend sind, wenn wir keinem körperlich Gewalt antun, doch dies ist eine falsche Vorstellung. Die Wunde, die wir mit Worten zufügen, ist manchmal tiefer als die eines Schwertes. Eine körperliche Wunde kann heilen, doch ein schneidendes Wort kann ein Leben lang verletzen. Es ist schwer, ein grobes Wort zu vergessen, das bis in die Tiefen unseres Herzens schneidet. Ein Sprichwort lautet: «Schalte das Gehirn ein, bevor du die Zunge gebrauchst.» Mahatma Ghandis Gebot «Sprich nur, was wahr, gütig und notwendig ist» kann uns eine Anleitung sein nachzudenken, bevor wir sprechen, damit wir niemanden in Worten verletzen.

Zorn kann auch in körperliche Gewalt umschlagen. Es gibt Gewalt zwischen einzelnen Menschen, und wütender Haß kommt in noch größerem Maßstab zum Ausdruck, wenn Anhänger einer bestimmten Religion gegen Anhänger einer anderen Krieg führen. Welchen Sinn hat all dieses Töten? Beide Gruppen glauben an Gott, nennen Ihn nur mit anderen Namen und verehren den Herrn mit unterschiedlichen Riten und Ritualen. Alle Menschen stammen vom selben Schöpfer. Und doch sind sie in Wutanfällen bereit, im Namen Gottes andere zu töten.

Wenn wir unserer Religion wirklich folgen, würden wir den Lehren der Gründer folgen. Im Alten Testament steht geschrieben: «Du sollst nicht töten.» (Exodus 20, 13). Im Neuen Testament finden wir einen Bericht über Jesus und seine Lehren der Gewaltlosigkeit. Jemand versuchte, Jesus zu ergreifen, und ein Gefährte von Jesus reagierte gegen den Angreifer mit Gewalt. Jesus erklärte seinem Verteidiger: «Stecke dein Schwert an seinen Ort! Denn wer das Schwert nimmt, der soll durch das Schwert umkommen.» (Matthäus 26, 52).

Zorn führt in seiner schlimmsten Ausprägung zu Grausamkeit. Allein in diesem zwanzigsten Jahrhundert hat die Menschheit Kriege erlebt, in denen Millionen von Menschen ums Leben kamen. Unkontrollierter Zorn fährt fort, einen Pfad der Zerstörung zu hinterlassen, die schwer zu heilen ist. Im Neuen Testament steht:

Woher kommt Streit und Krieg unter euch? Kommt´s nicht daher: aus euren Lüsten, die da streiten in euren Gliedern? Ihr seid begierig und erlanget´s damit nicht; ihr mordet und neidet und gewinnet damit nichts; ihr streitet und kämpfet. Ihr habt nicht, darum daß ihr nicht bittet und empfanget nicht, darum ihr übel bittet, nämlich darum, daß ihr´s in euren Lüsten verzehren wollt.

(Brief des Jakobus 4, 1-3)

Ein Opfer des Zorns einer anderen Person muß den Schmerz des Angriffs ertragen. Dennoch wird derjenige, der die Gewalt ausübt, am meisten verletzt. Die Ergebnisse unserer Handlungen kehren in vielfacher Weise zum Absender zurück. Im Buddhismus finden wir den weisen Ausspruch: «Ein Mensch wird mit einer Axt im Munde geboren. Wer seine Worte ungesund verwendet, schneidet sich selbst mit seiner Axt.» (Sutta Nipata 657-60).

Eine Nebenerscheinung des Bösen besteht darin, daß es eine Schicht auf unserer Seele bildet, die uns daran hindert, daß wir unsere innere Schönheit, Liebe und die inneren Reichtümer erfahren. In unserem eigenen Innenhof gibt es eine verborgene Schatztruhe, doch unsere negativen Handlungen vergraben sie immer tiefer, und wir können uns ihre Schätze nicht zunutze machen. Am Ende sind wir die Verlierer.

Es wird in der Welt immer Unterschiede geben. Zwischen zwei beliebigen Menschen gibt es immer unterschiedliche Meinungen, Sichtweisen und Lebensweisen. Doch warum müssen diese Verschiedenheiten in Ärger, Zorn und Haß ausarten, und dann sogar in Gewalt?

Der Mensch, der angegriffen wird, wird nicht den Standpunkt des Angreifers übernehmen. Vielmehr wird sich das Opfer noch weiter von einer Einigung entfernen, und der Tag kann kommen, an dem das Opfer zurückschlägt. Der Unterdrückte wird oft zum Unterdrücker. Niemand hat Vorteile aus der Gewalt. Nur wenn wir eine gewaltfreie Haltung bewahren, können wir harmonische Lösungen finden. Das letzte und beste Gegenmittel gegen Zorn und Gewalt liegt darin, sein wahres Selbst zu entdecken. Wir müssen voller Kraft tief graben, um unsere Seele zu entdecken.

Falschheit, Heuchelei und Täuschung

Falschheit, Heuchelei und Täuschung legen eine weitere Schicht um die Seele. Die Seele lebt aus der Wahrheit, sie kennt keine Lüge. Doch die Wünsche des Gemüts verstricken uns in ein Netz der Täuschung, um das zu erhalten, was wir wollen.

Wenn wir etwas begehren, was uns nicht gehört, greifen wir vielleicht auf Diebstahl oder Betrug zurück, um es zu bekommen. Wir versuchen, von anderen zu stehlen, was uns nicht rechtmäßig zusteht. Wir versuchen vielleicht, andere zu täuschen oder trickreich zu verleiten, uns zu geben, was wir wollen. Und dazu müssen wir die anderen täuschen und Lügen erzählen. Wer nach materiellen Dingen, Reichtum oder Macht verlangt, betrügt vielleicht, um anderen dies abzupressen.

Doch was wir anscheinend erhalten, ist niemals dem gleichwertig, was wir verlieren. Wir erlangen vielleicht den Reichtum oder die Macht eines anderen für eine Weile, doch am Ende können wir es nicht über das Grab hinaus mitnehmen. Die Wertmaßstäbe, die im Jenseits zählen, sind Liebe und Wahrheit. Was wir für einen vorübergehenden Augenblick auf Erden erhielten, wird nichts als ein flüchtiger Blitz in der Ewigkeit der Zeit sein, die uns im Jenseits erwartet.

In den verschiedenen religiösen Traditionen finden wir dieselbe Botschaft: Unwahrhaftigkeit führt zu Kummer und Schmerz. In den Schriften der Jains heißt es:

> *Diese Handlungen sind ebenfalls Diebstahl: andere zum Stehlen verführen, gestohlenes Gut erhalten, Verwirrung stiften, um zuviel Geld zu verlangen oder einen zu niedrigen Preis zu bezahlen, falsche Gewichte und Maße verwenden und andere mit gefälschten oder imitierten Waren betrügen.*
>
> (Akalanka, Tattvartharajavartika 7.27)

Und:

Falschheit bedeutet, daß jemand, der von intensiver Leidenschaft überwältigt ist, eine unrichtige Behauptung aufstellt.
(Upasakadasanga Sutra)

Im Judentum finden wir den Ausspruch:

Niemand sollte mit seinen Lippen etwas sagen,
während er im Herzen etwas anderes denkt.
(Talmud, Baba Metzia 49)

Und:

Falsche Leute dürfen in meinem Hause nicht bleiben,
die Lügner gedeihen nicht bei mir.
(Psalm 101, 7)

Im Sikhismus heißt es:

Unehrlichkeit im Geschäft und das Erzählen von Lügen verursachen inneren Kummer.
(Adi Granth, Maru Solahe, M.3, S. 1062)

Manche Lügen stammen von Menschen, die sich zur Schau stellen wollen und etwas sein möchten, was sie nicht sind. Dies kann sich in Gestalt von Täuschung und Heuchelei äußern. Wir täuschen andere, damit sie denken, daß wir viel wichtiger und einflußreicher sind, als es wirklich der Fall ist. Wir ziehen eine Schau ab. Wir haben zwei Gesichter, sind scheinheilig, zeigen uns manchen gegenüber in einer Farbe und vor einem anderen Publikum in einer anderen Farbe.

Im Islam heißt es im Hadith: «Ein Heuchler hat drei Eigenschaften: Wenn er spricht, lügt er. Wenn er ein Versprechen macht, handelt er verräterisch. Und wenn man ihm vertraut, betrügt er einen.»

Letzten Endes kommt ein solches Verhalten ans Tageslicht. Das Gesicht der Wahrheit kann nicht lange verborgen bleiben. Die Strafe für Täuschung ist sehr schwer, denn wenn andere unseren schamlosen Plan durchschauen, werden wir in unserem wahren Wesen erkannt. Diejenigen, deren Zustimmung wir erhofften, wenden sich gegen uns, und wir können uns nirgends verstecken. Die meisten Religionen warnen vor Lüge. Im Buddhismus finden wir:

> *Ein Lügner belügt sich selbst genauso wie die Götter. Lüge ist der Ursprung aller Übel. Die reinen Gebote zu brechen, führt zur Wiedergeburt in den erbärmlichen Ebenen der (irdischen) Schöpfung und zum Verderben des Körpers.*
>
> (Boddhisatva Suratas Vortrag in Maharatnakuta Sutra 27).

Im Alten Testament steht:

> *Weh denen, die Böses gut und Gutes böse nennen, die aus Finsternis Licht und aus Licht Finsternis machen, die aus sauer süß und aus süß sauer machen.*
>
> (Jesaia 5, 20)

Im Koran heißt es:

> *Wer aber eine Sünde oder Ungerechtigkeit begeht und diese hernach einem Unschuldigen zur Last legt, der belädt sich mit dem Verbrechen der Verleumdung und offenbarer Ungerechtigkeit.*
>
> (4. Sure 112)

Die Seele ist verkörperte Wahrheit. Sie hat nichts zu verbergen und braucht nicht zu lügen. Sie ruht in dem, wer und was sie ist, braucht nichts vorzugeben und sich anders darzustellen, als sie ist. Sie ist All-Macht, und daher braucht sie keine Macht von anderen. Sie ist All-Glückseligkeit und braucht daher keine materiellen Dinge für ihr Vergnügen. Sie ist All-Liebe und muß daher nicht versuchen, einen anderen zu besitzen. Sie ist eins mit Gott und braucht deshalb nichts anderes zu sein als das, was sie ist.

Wenn wir unserer Seele wieder ihre Stellung geben, wird die Tugend der Wahrheit uns bekränzen. Wir haben es nicht nötig, vom Standpunkt der Täuschung, Lüge, Heuchelei und

Falschheit aus zu handeln. Wir sind in und mit der Wahrheit zufrieden und brauchen keinen zu fürchten. Wenn wir unsere Seele entdecken, wird jeder unserer Gedanken, Worte und Handlungen von Wahrheit geleitet sein.

Welche Rolle spielt Habgier dabei, Schichten um unsere Seele zu bilden?

Ein anderer Weg, wie wir unserer Seele Schichten hinzufügen, führt über die Habgier. Das Verlangen des Gemüts spielt in dieser Hinsicht eine führende Rolle. Das Gemüt befindet sich in einem verrückten Streben nach Erfüllung seiner Wünsche, und sein Verlangen kennt kein Ende, denn es ist niemals zufrieden.

Seine Unzufriedenheit nimmt zwei Formen an: Es möchte mehr und mehr von dem, was es bereits hat, oder es wird dessen überdrüssig und möchte etwas anderes. Das Gemüt führt uns damit auf eine endlose Jagd von einem Gut zum nächsten. Es ist so, wie wenn wir einer Fatamorgana nachlaufen. Eine Oase scheint in der Nähe zu sein, doch wenn wir näher kommen, rückt sie wieder weiter weg. Wir rennen ihr nach, in der Hoffnung, sie zu erreichen, doch ihr Wasser scheint uns ständig zu entfliehen.

Genauso ist es mit dem Glück, das auf den Dingen dieser Welt entsteht. Der Durst des Gemüts nach Erfüllung ist unstillbar. Es wird gierig nach noch mehr. Es denkt, wenn es mehr von dem hat, was es bereits besitzt, wird es zufrieden sein, und so geht die Suche weiter. Es glaubt, mit dem zufrieden zu werden, was jemand anderer hat, und ist versessen auf die Güter der anderen. Oder es findet, daß das, was es hat, nicht die gewünschte Erfüllung bringt, und so sehnt es sich nach etwas anderem.

Habgier führt uns auf viele gefährliche Wege. Sie lenkt unsere Aufmerksamkeit von unserer Seele und von Gott ab. Sie kann zu Aggression und Gewalt führen, wenn wir von anderen nehmen wollen, was nicht uns gehört. Im Taoismus heißt es:

Kein Verbrechen ist größer, als zu viele Wünsche zu haben.
Kein Unheil ist größer, als unzufrieden zu sein.
Kein Unglück ist größer, als begierig zu sein.
(Tao Te King 46)

Um unsere Gier zu befriedigen, lügen wir, um das zu erhalten, was wir wollen. Schließlich kann Habgier zu Ichsucht führen. Anstatt zu geben und zu teilen, häufen wir alles für uns selbst an. In den Schriften der Jains heißt es:

Der Unwissende sehnt sich nach einem Leben in Luxus und jagt den Vergnügungen nach. Von den eigenen Begierden getrieben, wird er betäubt und durch nichts als Leid belohnt.

Der Umnachtete ist unfähig, Leid zu ertragen, weil er an Wünsche verhaftet und wollüstig ist. Von körperlichem und mentalem Schmerz geplagt, windet er sich in einem Strudel des Leidens. Dies sage ich euch.
(Acarangasutra 2.60, 74)

Im Neuen Testament steht: «Denn Habsucht ist eine Wurzel alles Übels…» (1 Timotheus 6, 10).

Habgier ist die Antithese auf die der Seele innewohnenden Natur, die Selbstlosigkeit. Die Seele möchte alles, was gut ist, mit der gesamten Schöpfung teilen. Sie gibt, sie ist liebevoll, sie ist fürsorglich. Alles, was gut ist, möchte sie nicht für sich selbst behalten, vielmehr möchte sie, daß jeder andere daran teilhat.

Die Seele ist auch mit dem zufrieden, was sie hat. Warum sollte sie es nicht sein? Schließlich ist es ihr wahres Wesen, mit Gott eins zu sein. Damit genügt sie sich ganz selbst. Sie lebt in einem ewigen Zustand der Glückseligkeit und Freude. Sie fühlt sich vom vergänglichen Spielzeug dieser Welt, das vergänglich ist, nicht angezogen. Die Quellen ihres Glücks – Gott, das Meer der Wonne, Bewußtheit und Liebe – sind ewig.

Wenn wir uns mit der Seele identifizieren, sind wir von den Hindernissen befreit, die Habgier mit sich bringt. Wir können zufrieden sein und den inneren Nektar mit seinen berauschenden Wassern genießen. Wir brauchen uns nicht nach etwas zu sehnen, das ein anderer hat. Wir brauchen nicht auf Gewalt oder auf Betrug zurückzugreifen, um zu erhalten, was wir wollen. Die äußeren Vergnügen sind schal, wenn wir innere Erfüllung finden.

Habgier umwölkt unsere reine Seele. Wenn wir unser Gemüt unter Kontrolle halten und unsere Seele in ihre Kraft setzen könnten, würde der scheinbar endlose Kreislauf, unseren Wünschen nachzujagen, ein Ende finden. Wir könnten zufrieden sein und unser Schicksal annehmen. Wir könnten in einem Zustand der Ruhe verweilen und alles, was uns von Gott geschickt wird, mit heiterer Gelassenheit betrachten und annehmen. Auf diese Weise könnte das Feuer der Habgier, das uns verzehrt, ausgelöscht werden.

Wenn wir der Seele die Macht übergeben, brennen wir nicht mehr länger voller Verlangen. Wir vergeuden keine wertvollen Augenblicke mehr, indem wir das anstreben, was vergänglich ist. Vielmehr sind wir zufrieden und erfüllt, weil wir mit dem Unvergänglichen und Bleibenden im Einklang sind, mit unseren inneren spirituellen Schätzen.

In den Schriften der Sikhs steht:

> *Was für eine Liebe ist das, die auf Habgier beruht?*
> *Wo Habsucht ist, ist die Liebe falsch.*
> (Adi Granth, Shalok, Farid, S. 1378)

Sant Kirpal Singh sagte oft: «Liebe kennt nur geben, geben und geben.» Wenn wir von Habgier erfüllt sind, kennen wir nur nehmen, nehmen und nochmals nehmen. Wenn wir unser Herz für die Stimme der Seele öffnen, öffnen wir unsere Hände, um mit anderen zu teilen. Wenn wir unsere Hände öffnen, um mit anderen zu teilen, öffnen wir die Tür zu Gott.

Wie Lust nach weltlichen Freuden Blockaden schafft

Lust stellt eine Form von Verlangen dar – das Verlangen des Fleisches. Wir neigen dazu, Lust nur mit sexueller Befriedigung gleichzusetzen, doch gibt es viele Ausdrucksformen der Lust, darunter die Lust der Sinne Sehen, Hören, Riechen, Schmecken und Fühlen. Jeder unserer Sinne hat eine zweifache Funktion: als Übermittler von Information und Daten über die äußere Welt an unser Gehirn; und als ein Mittel, um die Freuden der Welt zu erfahren. Wenn wir exzessive Befriedigung unserer Sinne anstreben, wenn wir exzessive Freuden suchen, dann betreten wir den Bereich der Lust.

Unsere Augen helfen uns, uns in der Welt zu bewegen, die Dinge zu finden, die wir brauchen, und Gefahr zu vermeiden. Auch sind sie Betrachter von Schönheit. Sie werden zu schönen Dingen in Gestalt von hoher Kunst, wunderbarer Natur und attraktiven Gesichtern hingezogen. Wenn wir aber zwanghaft dabei werden, diese Dinge anzuschauen, so daß wir durch deren Anblick unsere Seele vergessen, betritt unser Interesse die Domäne der Lust. Wir mögen wahrnehmen, daß jemand schön ist, doch wenn wir getrieben sind, diese Person mit der Absicht anzuschauen, körperliche Vorteile von ihr zu gewinnen, dann betritt unser Interesse den Bereich der Lust.

Unsere Ohren helfen uns zu kommunizieren, zu lernen und uns auf potentielle Gefahr aufmerksam zu machen. Auch setzen wir sie ein, um uns an schöner Musik, an den Klängen der Natur oder an der Stimme eines Sängers zu erfreuen. Doch wenn wir uns damit abgeben, unreinen Gesprächen, gemeinen Redensarten oder Diskussionen über sinnliche Freuden zuzuhören – auf Kosten der Zeit, in der wir dem Gesang der Seele lauschen könnten, dann betreten wir vielleicht auch damit den Bereich der Lust. Wenn die Rede Leidenschaften anfacht, entfernt sie uns weit von unserer Seele.

Unser Geschmackssinn hat ebenfalls eine praktische Funktion: uns davon abzuhalten, verdorbene oder giftige Nahrungsmittel zu essen. Andererseits helfen uns unsere Geschmacksnerven, ein gutes Essen, mit Liebe und Achtsamkeit zubereitet, zu schätzen. Doch wenn wir feststellen, daß unser Appetit auf Nahrung besitzergreifend wird, dann betreten wir den Bereich der Lust. Menschen können nach bestimmten Gerichten in einem Ausmaß verlangen, daß ihre Aufmerksamkeit vom Geschmack des Nektars im Inneren abgelenkt ist, der von der Glückseligkeit und Liebe unserer Seele ausgeht.

Auch können wir Lust nach Düften und Gerüchen haben. Der Geruchssinn hat eine beschützende Funktion, der Rauch oder Feuergefahr signalisieren kann. Durch den Geruchssinn können wir auch die feinen Düfte, die von Blumen oder Parfums ausgehen, genießen. Wenn wir aber von dieser schönen Erfahrung in einem Ausmaß vereinnahmt werden, daß unsere Aufmerksamkeit vom süßen Duft unserer Seele abgelenkt wird, dann betritt der Geruchssinn den Bereich der Lust. Wenn ein Duft unsere sinnlichen Leidenschaften entflammt, führt er uns in den Bereich der Lust.

Der Tastsinn ist ein weiteres Mittel, um Informationen über unsere Umgebung weiterzuleiten. Er vermittelt uns, was weich und angenehm oder spitz und gefährlich ist. Er warnt uns vor extremen Temperaturen, heiß oder kalt, damit wir unseren Körper schützen können. Der Tastsinn erlaubt uns auch, das angenehme Gefühl von sanfter Seide, weicher Baumwolle oder kühlem Wasser zu schätzen. Der Tastsinn betritt den Bereich der Lust, wenn wir zwanghaft darin werden, mehr und immer mehr solcher physischer Sinneswahrnehmungen zu erfahren – bis hin zum Ausschluß der Erfahrung der Wärme der göttlichen Liebe in uns.

Lust nach den Freuden eines der Sinne kann dann zu Süchtigkeit führen, wenn die betreffende Person die Fähigkeit verliert, das Verlangen zu kontrollieren und zu überwachen, eine angenehme Sinneserfahrung zu machen. So kann die Lust des Geschmackssinnes in Gestalt von Nahrungsmittelabhängigkeit oder Alkoholismus auftauchen. Oder wir entwickeln vielleicht eine Sucht nach den angenehmen Wahrnehmungen, die wir innerlich oder mental durch Substanzen wie Drogen erfahren.

Im Hinblick auf den Exzeß von Begierden finden wir in den Lehren des Buddhismus, daß «der Mensch, der Blumen sinnlicher Begierde pflückt, dessen Gemüt zerstreut ist und der in seinen Wünschen unersättlich ist, unter die Macht des Zerstörers fällt». (Dhammapada 48)

Das Neue Testament sagt:

Niemand sage, wenn er versucht wird,
daß er von Gott versucht werde.
Denn Gott kann nicht versucht werden zum Bösen,
und er selbst versucht niemand.
Sondern ein jeglicher wird versucht, wenn er von seiner
eigenen Lust gereizt und gelockt wird.
Danach, wenn die Lust empfangen ist,
gebiert sie die Sünde;
die Sünde aber, wenn sie vollkommen ist,
gebiert sie den Tod.
(1 Jakobus 1, 13-15)

An einer anderen Stelle heißt es:

Und saufet euch nicht voll Wein, daraus ein unordentliches Wesen folgt, sondern werdet voll Geistes.

(Epheser 5, 18)

Im Alten Testament finden wir zu diesem Thema:

Weh denen, die des Morgens früh auf sind,
dem Saufen nachzugehen,
und sitzen bis in die Nacht, daß sie der Wein erhitzt,
und haben Harfen, Zithern, Pauken, Pfeifen und Wein

in ihrem Wohlleben, aber sehen nicht auf das Werk des HERRN und schauen nicht auf das Tun seiner Hände.
(Jesaia 5, 11-12)

Wenn wir die Erfüllung unserer Seele nicht erfahren, suchen wir Befriedigung in der äußeren Welt. Diese äußeren Bestrebungen mögen ein Anzeichen dafür sein, daß wir uns nach einer Verbindung mit Gott sehnen. Wir sehnen uns nach unserem ursprünglichen Zustand der Glückseligkeit, den wir durch die Verhaftung an die Dinge dieser Welt und das Verlangen danach verloren haben. Süchte sind ein Zeichen für die Suche der Menschheit nach Gott. Sie stellen einen spirituellen Hunger dar, der fehlgeleitet wurde. Süchte können aufgelöst werden, wenn wir mit Gott in Verbindung kommen. Falls wir mit Lust geschlagen sind, dann können wir sie überwinden, indem wir unsere Aufmerksamkeit auf den Ort richten, an dem wir wahre Erfüllung finden, in unserer eigenen Seele.

Unsere Seele ist frei von Lust. Sie braucht nicht nach den Wünschen des Fleisches zu verlangen, weil sie in fortdauernder Vereinigung mit dem Herrn ist. Ihr ganzes Wesen ist von Liebe und Glückseligkeit durchtränkt. Alle Freuden dieser Welt erscheinen schal im Vergleich zum göttlichen Geschmack des Nektars der Liebe des Herrn in uns. Wenn wir die Seele erwecken und stärken, brauchen wir die vergänglichen Freuden der Welt nicht mehr.

Wie bildet Verhaftung Schichten über unserer Seele?

Verhaftung blockiert unsere Seele. Verhaftung ist eine Eigenschaft des Gemüts; Ungebundenheit ist eine Eigenschaft der Seele. Buddha erteilte die Anweisung, daß man «wunschlos» sein möge. Verhaftung bringt uns Schmerz und Kummer. Warum? Wenn wir an etwas haften, haben wir Angst, es zu verlieren. Diese Furcht löst eine Kettenreaktion aus, die zu negativen Verhaltensweisen führt. Wenn wir an etwas haften, werden wir ärgerlich, wenn es uns genommen wird. Wenn wir an etwas hängen, das nicht uns gehört, lügen und täuschen wir vielleicht, um es zu behalten. Wenn wir verhaftet sind, werden wir möglicherweise gierig nach mehr. Durch Verhaftung werden wir vielleicht zwanghaft und wollüstig. Durch Verhaftung werden wir unter Umständen ichsüchtig und zögern dabei, mit anderen zu teilen. Verhaftung führt uns dazu, in eine dunkle Grube zu fallen, aus der zu entkommen nur eine geringe Chance besteht.

Wenn wir Tiere, z.B. Insekten, betrachten, können wir feststellen, wie selbst die Verhaftung an einen der Sinne zur Selbstzerstörung führen kann. Die Verhaftung der Biene an den Geschmackssinn läßt sie inmitten einer duftenden Blüte landen, die sich vielleicht schließt und der Biene das Leben nimmt. Die Motte wird so sehr vom Licht angezogen, daß sie in die brennende Flamme fliegt und verglüht. In den Schriften der Sikhs heißt es:

Aus Liebe zur Lotusblume wird die Hummel zerstört,
weil sie keinen Weg mehr hinaus findet.
Der Elefant unterliegt seiner Lust und wird gefangen,
hilflos gerät er unter den Einfluß anderer.
Aus Liebe zum Klang verneigt das Reh seinen Kopf
und wird dabei in Stücke gerissen.
(Adi Granth, Dhanasari, M. 5, S. 670-71)

Wenn ein Tier bereits von einem Sinn überwältigt wird, wie steht es dann um die Menschen, die fünf Sinne haben! Unser menschliches Leben wird von einer Fülle von Sinneseindrücken aus der Welt überflutet, an die wir verhaftet werden.

Verhaftung kann zu einer fatalen Blockade werden, wenn wir unsere Seele erfahren möchten. Wir können an bestimmte Dinge so verhaftet sein, daß sich unsere ganze Aufmerksamkeit darauf richtet, und wir kümmern uns dann nie darum, unsere Seele zu entdecken. Wenn wir verlieren, woran wir hängen, können wir so großen Schmerz erleiden, daß wir uns nicht darauf konzentrieren können, unsere Seele zu finden. Oder wir beschäftigen uns so intensiv damit, wiederzuerlangen, was wir verloren haben; wir suchen Erfüllung in der äußeren Welt und halten niemals inne, um das dauerhafte Glück zu suchen, das uns im Inneren erwartet. Schließlich sind wir vielleicht so davon besessen, das Gewünschte zu erlangen, daß wir vor nichts halt machen, um es für uns zu erlangen, selbst wenn es bedeutet, Gewalt anzuwenden, zu stehlen, zu betrügen, zu täuschen oder zu lügen. Auf diese Weise führt Verhaftetsein dazu, das Gemüt laufend weiter zu stärken, anstatt daß wir unsere Seele zu ihrer Kraft verhelfen.

Der wahre Zustand unserer Seele ist Losgelöstheit, Ungebundenheit. Losgelöstheit oder Ungebundenheit in diesem Sinne bedeutet nicht Desinteresse oder Teilnahmslosigkeit. Vielmehr meint es, in dieser Welt so zu leben, wie sich ein Schwan im Wasser bewegt. Er kann darin schwimmen, sich aber dennoch mit trockenen Schwingen daraus erheben. Wir führen unser Leben, indem wir den besten Gebrauch davon machen, was wir zur Erhaltung unseres Körpers brauchen, um unseren Lebensunterhalt zu verdienen, unseren Beitrag für die Gesellschaft zu leisten, unsere Verpflichtungen gegenüber unserer Familie und Gemeinde zu erfüllen, doch wir sind nicht verhaftet. Wir sind in der Lage, das anzunehmen, was auf uns zukommt, und auch zu akzeptieren, was uns genommen wird.

Wir leben im Bewußtsein, daß alles, was existiert, von Gott kommt und als solches der Besitz Gottes ist. Alles, was uns gehört, haben wir als ausgeliehene Gabe erhalten. Wenn die Zeit unserer Ausleihe zu Ende geht, geben wir die Güter mit Dank für die Zeit, in der wir sie hatten, zurück und verfluchen nicht unser Schicksal. Was auf uns zukommt, nehmen wir im Geiste der Akzeptanz und Dankbarkeit an. Dies ist der Zustand, in dem unsere Seele lebt. Als ein Freund von Rabia Basri mit einem Kopfverband zu ihr kam und sich über die Kopfschmerzen beklagte, fragte sie: «Wie lange hast du schon dieses Kopfweh?» Der Freund antwortete: «Einige Stunden.»

Dann fragte sie nochmals: «Und wie lange warst du schmerzfrei?» Er erwiderte: «Viele Jahre.» Dann meinte Rabia: «Wegen einiger Stunden trägst du den Verband der Beschwerde. Doch für all die Jahre ohne Kopfschmerzen hast du nicht die Binde der Dankbarkeit getragen.» So vermittelte sie ihm die Notwendigkeit, in einem Zustand zu leben, in dem wir alles annehmen, was uns Gott schickt.

Wenn unsere Seele erwacht ist, bleiben wir unverhaftet, ungebunden. Wenn wir so leben können, daß wir nicht an irgend etwas Vergängliches in dieser Welt gebunden sind, sind wir wirklich frei. Wir sind frei von der Angst vor Verlusten und können die immateriellen Güter genießen, die uns im Inneren erwarten.

Wie schaffen Ego und Eitelkeit Schichten um unsere Seele?

Es heißt, daß von all den Blockaden um unsere Seele das Ego die letzte ist, die entfernt werden muß. Das Ego kann sowohl sichtbar aufgeblasen als auch subtil fast unsichtbar sein. Es veranlaßt uns, unser wahres Selbst und Gott zu vergessen. In den Schriften der Hindus steht:

> *Meide allen Stolz und alle Eifersucht.*
> *Gib jeglichen Gedanken an «mich und mein» auf.*
> *Solange man sich der Verschiedenheit bewußt ist*
> *und nicht der Einheit des Selbstes,*
> *hält sich der unwissende Mensch für ein getrenntes Wesen,*
> *für den «Handelnden» seiner Taten*
> *und für den «Erfahrenden» der Wirkungen.*
> *Er unterliegt weiterhin Geburt und Tod,*
> *kennt Glück und Elend*
> *und wird durch seine eigenen Handlungen,*
> *gut oder schlecht, gebunden.*
> (Srimad Bhagavatam 11.4)

In der buddhistischen Tradition sagt man:

> *Ohnmächtig reist der Mensch, wie ein Eimer in einem Brunnen:*
> *Zuerst mit dem Gedanken «ich», ohne das Selbst zu erkennen,*
> *dann, in Verhaftung an die Dinge, mit dem Gedanken «mein».*
> (Candrakirti, Madhyamakavatra 3)

Das Ego zu entwurzeln, erfordert Verstehen und einen festen Griff auf das Gemüt. Wir leiden vielleicht unter dem Ich-Stolz auf Wohlstand und rühmen uns wegen unseres vielen Geldes oder unserer teuren Besitztümer. Das Ego veranlaßt uns vielleicht, auf diejenigen herunterzuschauen, die nicht so viel haben wie wir. Das Ego kann uns sogar dazu verleiten, die Gefühle derer zu verletzen, die finanziell nicht so begünstigt sind.

Wir haben vielleicht Ich-Stolz auf Wissen und sind darauf stolz, wieviel wir wissen. Wir sind voller Eitelkeit angesichts der Anzahl der akademischen Titel, die wir erlangt haben. Wir glauben vielleicht, mehr als alle anderen in unserem Beruf oder an unserer Arbeitsstelle zu wissen. Es mangelt uns an Demut, wir denken, wir sind die Quelle aller Weisheit, und blicken auf andere herab, die weniger als wir wissen. Dabei erkennen wir gar nicht, daß die Quelle aller Weisheit in jedem Menschen liegt. Wenn wir glauben, daß wir intelligenter und gebildeter als andere sind, verletzen wir vielleicht die, die in ihrer Denkweise schlichter sind oder die nicht dieselbe Ausbildung erhalten haben wie wir.

Auch gibt es den Ich-Stolz auf Schönheit. Wir glauben vielleicht, das schönste aller Wesen zu sein. Wir mögen unserer Aussehen so sehr zur Schau tragen, daß wir andere, die nicht so schön sind, damit herabsetzen. Wir setzen unser Aussehen vielleicht dazu ein, um Macht über andere zu erlangen oder sie zu betören, das zu tun, was wir von ihnen wollen. Wir mögen uns zur Schau stellen und versuchen, andere zu bezaubern, damit sie uns geben, was wir möchten. Diese Form von Ego führt zu einer Art von Täuschung und Heuchelei. Durch unser Aussehen geben wir uns den Anschein, etwas zu sein, was wir nicht sind. Dies mag anderen Schaden zufügen, doch vor allem schaden wir uns selbst.

Wir können ein Egoist werden, wenn wir zu viel über uns selbst sprechen oder zu hoch von uns selbst denken. Wenn unsere Aufmerksamkeit auf unsere äußere Erscheinung, unsere Persönlichkeit, das Aussehen, das Gemüt oder die Besitztümer gerichtet ist, dann werden wir uns sicherlich nicht auf unsere Seele konzentrieren.

Die Seele ist die Quelle aller Schönheit, Weisheit und allen Reichtums, doch wir bleiben dieser Geschenke beraubt, solange wir mit Gedanken an unseren Körper und unser Gemüt beschäftigt sind. Die äußeren Geschenke werden uns eines Tages verlassen, und wir werden mit leeren Händen von dieser Welt scheiden. In der Bibel heißt es:

> *Ihr sollt euch nicht Schätze sammeln auf Erden, wo sie die Motten und der Rost fressen und wo die Diebe nachgraben und stehlen. Sammelt euch aber Schätze im Himmel, wo sie weder Motten noch Rost fressen und wo die Diebe nicht nachgraben noch stehlen. Denn wo euer Schatz ist, da ist auch euer Herz.*
>
> (Matthäus 6, 19-21).

Äußere Schönheit vergeht mit dem Alter. Wenn wir nicht die Schönheit des Geistes besitzen, werden nur wenige von unserer äußeren Schönheit angezogen, sobald Falten in unserem Gesicht auftauchen.

Wissen ist ebenfalls vergänglich, denn es verändert sich jedes Jahr. Was wir in der Grundschule gelernt haben, kann heute längst überholt sein. Die Entdeckungen der Wissenschaftler von heute werden morgen veraltet sein. Wissen ist keine dauerhafte Basis, auf der unser Ego aufgebaut werden kann.

Wohlstand kann durch Veränderungen in der Wirtschaft schwinden. Aktien und Anleihen können ihren Wert verlieren, oder eine schwere Krankheit kann unsere Finanzen aufbrauchen. Es gibt keine Beständigkeit in bezug auf Wohlstand, was bedeutet, daß Stolz auf Wohlstand auf wackeligen Beinen steht.

Unsere Seele ist frei von Ego. Daher ist sie frei von den vielfältigen ständigen Veränderungen des Lebens. Unsere Seele zu erwecken und in ihre Kraft zu setzen bedeutet, uns davon zu befreien, daß wir uns auf äußere Quellen von Ich-Stolz verlassen. Vielmehr leben wir dann in einem Zustand ewiger Glückseligkeit, im Zustand unserer Seele, denn sie ist eins mit dem Herrn.

Das Ego kann viele Formen annehmen. Es heißt unter den Asketen und Mönchen, daß das Ich der letzte Feind ist, den sie besiegen müssen. Sie geben vielleicht ihr Verlangen nach materiellem Besitz auf, sie geben möglicherweise Lust, Ärger, Habgier und Verhaftung auf. Doch wenn sie darauf stolz sind, all diese Dinge aufgegeben zu haben, bleiben sie noch immer auf subtile Weise im Netz des Egos gefangen. So erhebt das Ego unmerklich sein häßliches Haupt.

Die Mystiker sagen: «Wo das Ich ist, ist Gott nicht. Wo Gott ist, ist kein Ich.» In den Schriften der Sikhs steht:

> *Wo Ichheit herrscht, wirst Du nicht erfahren.*
> *Wo Du bist, gibt es keine Ichheit.*
> *Ihr, die ihr gelehrt seid, deutet diese unaussprechliche*
> *Wahrheit in eurem Verstand aus.*
> (Adi Granth, Maru-ki-Var, M.1, S. 1092)

Wenn Gott und die Seele eins sind, stellt sich die Frage nach Ich und Du nicht. Beide sind Du. In einer Geschichte aus der Tradition der Sufis ging ein Mann zum Tor des Hauses von Gott und klopfte an. Gott fragte: «Wer ist da?» Der Mann antwortete: «Ich bin es.» Aber die Tür öffnete sich ihm nicht. So ging der Mann nach Hause, ohne Gott gesehen zu haben. Lange Zeit überlegte er, warum ihn Gott nicht einließ, und er betete um eine Antwort. Schließlich kam ein Augenblick der Erleuchtung, und er wußte, worin das Problem lag. Er ging wieder zum Hause Gottes und klopfte an der Tür. Auf die Frage Gottes «Wer ist da?», antwortete er diesmal: «Du.» Die Tür öffnete sich, und er erlangte Vereinigung mit dem Herrn.

Wenn wir das Ego auslöschen – die Ichheit, wie man es auch nennt –, dann sind wir eins mit Gott und es gibt keine Trennung mehr zwischen der Seele und Gott. Sant Kirpal Singh sagte, «Gott plus Gemüt ist Mensch; Mensch minus Gemüt ist Gott». Es ist das Ego, das die Illusion schafft, wir seien von Gott getrennt. Es ist das Ego, das die Blockade schafft, die uns davon abhält, der Seele die ihr zustehende Macht einzuräumen.

Wie erzeugen diese Schichten das Vergessen, wer wir wirklich sind?

Die Schichten, die durch Ärger, Lust, Habgier, Verhaftung, Täuschung und Ego entstehen, lassen uns unsere wahre Natur als Seele vergessen. Wir haben vergessen, daß wir Liebe, Wahrheit, Frieden, Glückseligkeit, Demut, Reinheit, Gewaltlosigkeit und Selbstlosigkeit sind. Wir haben Gott vergessen und haben vergessen, wer wir als Seele sind. In den Schriften des Islams steht:

> *Seid nicht gleich jenen, die Allah vergessen haben,*
> *wofür auch Allah ihre Seele ihrer selbst vergessen ließ.*
> (Koran 59, 19)

Wenn wir uns mit unserem Gemüt und den Sinnen identifizieren, häufen wir weiterhin Schichten auf unserer strahlenden Seele an, weil wir in negative Eigenschaften und Leidenschaften eintauchen. Somit wird unser Leben zu einem beständigen Drama aus Leid und Kummer.

Wie können wir die Schichten entfernen?

Wir müssen die Schleier entfernen, die unsere Seelenkraft blockieren, damit wir das uns angeborene Licht ausstrahlen können. Wir müssen die Tücher lüften, die die Glühbirne einhüllen, damit kein Schleier mehr übrig bleibt und wir in all unserem reinen Glanz existieren können. Heilige und Mystiker verbringen ihr ganzes Leben damit, ihre Hüllen zu entfernen. Wenn sie einmal zum Kern vorgedrungen waren, erfuhren sie Glückseligkeit, Freude und Frieden als ihr wahres Wesen. Im Wunsch, dies mit anderen zu teilen, lehrten sie die Menschheit, wie man die Schichten entfernt. Sie alle waren mit den göttlichen Gesetzen im Einklang und versuchten, das auch den Menschen ihrer Zeit zu vermitteln. Sie versuchten, ihren Anhängern zu erklären, daß die Schichten von Ärger, Lust, Habgier, Täuschung, Verhaftung und Ego Torheiten des Gemüts sind. Sie wollten, daß wir erkennen, daß die Seele nach dem Gesetz Gottes lebt – dem Gesetz der Liebe und Wahrheit.

Vor uns liegt eine Mammutarbeit. Es gibt so viele Schichten zu entfernen, um zu unserer Wahrheit zu gelangen, doch man kann diese Aufgabe bewältigen. Wenn wir jetzt beginnen, werden wir tief genug vordringen, um zu erkennen, wer wir wirklich sind. Indem wir den Lehren der Heiligen, Mystiker und spirituellen Lehrer folgen, werden wir Anleitungen entdecken, um die Schichten zu entfernen, die uns von unserer Seele und von Gott abhalten.

Teil III

Wie man die unbegrenzte Energie unserer Seele erschließen kann

11. Meditation: Das Tor zur Seele

Die Schätze unserer Seele bleiben unter den Schichten von Gemüt, Materie und Illusion verborgen. Unsere Aufmerksamkeit richtet sich auf die äußere Welt anstatt auf die innere. Immer neue Schichten sammeln wir an durch die Wünsche unseres Gemüts, die uns zu Zorn, Gewalt, Lust, Habgier, Verhaftung, Täuschung und Ego führen.

Gibt es irgendeine Möglichkeit, diese Blockaden zu durchbrechen, um unsere Seele zu erfahren? Wie können wir nicht vom Meer des Lebens fortgespült werden? Glücklicherweise waren Heilige und Mystiker im Verlauf der Zeiten in der Lage, in den Bereich der Seele vorzudringen. So wie Pioniere die Ozeane erforschten, als die Menschen die Erde noch für eine Scheibe hielten, und mutige Astronauten in den Weltraum reisten, gab es Forscher der inneren Welten der Seele. Sie überwanden große Hindernisse – den Zug des Gemüts und der Sinne nach außen –, um ihre Aufmerksamkeit nach innen zu richten.

Sie entdeckten das Tor zur Seele, konnten eintreten und vermochten die Schichten zu entfernen, die die Seele bedeckten. Dadurch erstrahlte ihr wahres Selbst in all seinem makellosen ursprünglichen Glanz. Sie lernten, ihrem Leben Struktur zu geben, um Zeit zu finden, als eine erwachte Seele zu leben. Sie lernten, ein Gleichgewicht in ihr Leben zu bringen, um sich sowohl der spirituellen Entwicklung als auch ihren weltlichen Verpflichtungen zu widmen. Sie lernten, sowohl vom spirituellen Nektar im Inneren zu trinken als auch ihren überfließenden Kelch mit anderen Dürstenden zu teilen.

Diese Entdeckungsreisenden der inneren Ebenen kamen aus den unterschiedlichsten Kulturkreisen, Religionen und Zeitaltern. Dennoch entdeckten sie denselben Weg nach innen und denselben Schatz. Was sie fanden, war ein und dasselbe, doch verwendeten sie unterschiedliche Begriffe, um es zu beschreiben. Die folgenden Kapitel stellen eine Art Landkarte dar, die sie uns hinterlassen haben, damit auch wir dieselbe Reise unternehmen können. Indem wir studieren, wie sie ihre Seele entdeckten, erhalten auch wir eine Möglichkeit, zu unserem Schöpfer zu gelangen.

Wie können wir die Seele finden?

Wo im Körper ist die Seele? Welche Größe und Form hat sie? Wo sollen wir suchen, um sie zu entdecken? Wenn wir von der Seele sprechen, reden wir über ihre Eigenschaften. Gibt es aber irgendeine physikalische Möglichkeit, um unsere Seele zu beschreiben?

Unsere Seele geht über jegliche körperhafte Beschreibung hinaus, weil sie nicht aus Materie besteht. Materie hat Gewicht und nimmt Raum ein. Doch die Seele ist Geist und als solche nicht aus Materie geschaffen. Als Geist ist sie unsichtbar. Sie ist Bewußtsein. Wenn Ärzte einen Körper sezieren, finden sie nur Materie vor. Sie können die Seele nicht finden. Die Seele gehört einer Dimension an, in der es nur Licht und Klang gibt, jedoch nicht das Licht und den Klang, die wir in dieser Welt kennen. Es handelt sich um ein viel höheres Licht und einen viel höheren Klang; das Licht und der Klang im physischen Universum sind nur eine schwache Widerspiegelung davon. Als Seele sind wir Licht, das heller ist als sechzehn äußere Sonnen, und doch ist das kein sengendes, brennendes Licht. Es ist ein Licht, das besänftigend und liebevoll ist. Wir schwingen in einer Himmelsharmonie, die man mit den physischen Ohren nicht hören kann.

Die Seele ist mit dem physischen Körper durch eine Silberschnur verbunden, die für unsere Augen unsichtbar ist. Heilige und Mystiker haben auf diese Schnur Bezug genommen. Es ist ein leuchtender Faden bzw. ein Band, das es der Seele erlaubt, den Körper zu transzendieren, in die spirituellen Bereiche zu reisen und wieder zurückzukehren. Beim Tod trennt sich die Silberschnur vom Körper, so daß die Seele nicht mehr in den Körper zurückkehren kann. Wenn die Seele den Körper in der Meditation verläßt, bleibt die Silberschnur hingegen intakt, so daß die Seele wieder in den Körper zurückkehren kann.

Der äußere Ausdruck unserer Seele ist Aufmerksamkeit. Die Aufmerksamkeit verteilt sich im ganzen Körper. Es ist die Seele, die dem Körper das Leben verleiht. Ein Körper ohne Seele oder ein Körper, bei dem die Silberschnur abgerissen ist, ist nicht am Leben. Der Sitz der Seele liegt an einem Punkt zwischen und hinter den beiden Augenbrauen, an einem Ort, der als «Drittes Auge» oder «Einzelauge» bekannt ist. Er wird ebenso als «Zehntes Tor», «sechstes Chakra», «Ajna Chakra», «Daswan Dwar», «Tisra Til» und «Berg der Verklärung» bezeichnet. Wenn man sich an diesem Punkt konzentriert, erlangen wir Zugang zur Seele. Dieser Punkt ist ein Tor, wodurch die Seele in die inneren spirituellen Reiche eintreten kann.

Wo sind die inneren Reiche?

Wenn wir unsere Aufmerksamkeit völlig am dritten Auge oder Einzelauge sammeln, nehmen wir innere Reiche wahr. Dies sind innere Dimensionen, die gleichzeitig mit unserem physischen Universum existieren. Mangels besserer Begriffe sprechen wir von inneren und äußeren oder höheren und niedrigeren Regionen. Diese Bereiche sind Bewußtheitszustände, die nicht in Zeit und Raum bestehen; nur unsere physische Welt bemißt sich nach Zeit und Raum. Die physische Region mit Erde, Sonne, Planeten und Galaxien existiert gleichzeitig mit den spirituellen Bereichen.

Wir beziehen uns auf den Rahmen von Zeit und Raum, weil dies als Maßstab in diesem physischen Universum gebräuchlich ist. Doch all diese Regionen, von den physischen bis zu den spirituellen, bestehen als Bewußtseinszustände.

Wenn wir davon sprechen, in die inneren oder höheren Regionen zu reisen, dann reisen wir nicht wirklich an einen bestimmten Ort. Wir konzentrieren einfach unsere Aufmerksamkeit auf einen anderen Bewußtseinszustand. Erinnern wir uns zum Beispiel an eine Gelegenheit, als wir ein Gespräch verfolgten. Plötzlich denken wir an etwas, das uns früher einmal passiert ist, und die gesamte Szene, die sich zu einer anderen Zeit und an einem anderen Ort abspielte, läuft von neuem vor unseren Augen ab. Wir sind nirgends hingegangen, doch unser Aufenthaltsort scheint sich aus dem Blickwinkel unseres Gemüts verändert zu haben.

Obwohl die Reise in die inneren Ebenen nicht mit einem Tagtraum oder einer Einbildung gleichzusetzen ist, findet ein ähnlicher Wechsel des Bewußtseins statt, bei dem wir uns der inneren Bereiche bewußt werden. Unser physischer Körper bleibt mit geschlossenen Augen sitzen, aber unsere Seele wird sich einer anderen Region, eines anderen Ortes bewußt.

Eine Anekdote aus dem Leben des Sufi-Heiligen Bulleh Shah veranschaulicht, wo wir die inneren Bereiche finden. Bulleh Shah ging zu seinem Lehrer, Inayat Shah, und bat um Anweisung, wie er Gott finden könne. Inayat Shah verwendete ein Beispiel aus dem Bereich der Gärtnerei, um seinem Schüler zu antworten. Er sagte: «So wie du eine Pflanze von einer Seite des Gartens auf eine andere Seite umpflanzt, genauso mußt du deine Aufmerksamkeit von hier auf dort umpflanzen.»

Um die inneren Bereiche zu finden, brauchen wir unsere Aufmerksamkeit nur von der physischen Welt auf die spirituellen Bereiche zu lenken. Anstatt an die Welt und unseren Körper zu denken, konzentrieren wir unsere Aufmerksamkeit an einem bestimmten Punkt, dem Dritten Auge oder Einzelauge.

In der Bibel heißt es: «Das Auge ist des Leibes Licht; wenn dein Auge einfältig ist, wird dein ganzer Körper voller Licht sein.» (Matthäus 6, 22). Das hier angesprochene Licht hat nichts mit intellektuellem Wissen zu tun. Es ist tatsächlich ein Licht, das man zwischen und hinter den beiden Augenbrauen sehen kann. Falls unsere Aufmerksamkeit genau an diesem Punkt konzentriert ist, können wir das strahlende Licht Gottes sehen.

Anweisungen, um dieses Zentrum zu finden, sind oft Teil einer geheimen mündlichen Überlieferung der Heiligen und Mystiker. Die Methoden sind den Massen nicht allgemein bekannt, außer denjenigen, die tiefer in ihrer Religion oder ihrem Glauben forschen, um die eher mystische, «esoterische» Seite zu entdecken. (Esoterik bedeutet ursprünglich Geheimwissen, das die Seele nach innen führt. Anm. d. Ü.) Als esoterische Praktiken wurden sie von den Meistern mündlich weitergegeben. Nur wenig wurde niedergeschrieben. Glücklicherweise finden wir in einigen Schriften Hinweise, doch die meisten Menschen überlesen sie einfach, ohne zu erkennen, daß sie sich auf einen Zugang ins Jenseits beziehen. Jemand, der Zugang zu diesem Tor erlangt hat, versteht die Bedeutung dieser Hinweise und kann sie uns erklären. Wenn wir dann einmal selbst erfahren, was die Hinweise bedeuten, erkennen wir, daß uns alle Schriften mit einer Landkarte zum selben Tor ausstatten.

Wie erreicht man dieses Tor?

Zu wissen, daß es am Dritten Auge oder Einzelauge einen Zugang ins Jenseits gibt, ist der erste Schritt. Doch wie gelangen wir zu diesem Tor? Wie finden wir diesen Punkt? Heilige und Mystiker haben im Verlauf der Zeitalter gelehrt, daß der Weg zu diesem Tor die Meditation ist. Wir müssen unsere Aufmerksamkeit aus der äußeren Welt zurückziehen und am Zentrum sammeln, das in die inneren Bereiche führt. Wir müssen unsere Aufmerksamkeit von außen zurückziehen und innen konzentrieren.

Die Konzentration unserer Aufmerksamkeit

Unsere Aufmerksamkeit ist der äußere Ausdruck der Seele. Durch Gemüt und Sinne wird unsere Aufmerksamkeit in die äußere Welt zerstreut. Durch die Information, die wir über unsere Sinne erhalten, engagieren wir uns in den äußeren Ereignissen. Auch sind wir mit den Gedanken beschäftigt, die unser Gemüt durchkreuzen; die meisten davon kreisen darum, was in der Vergangenheit schon geschehen ist oder darum, was in der Zukunft wohl passieren wird. Wir käuen unsere Probleme aus der Vergangenheit wieder und wieder, und wir planen, was in der Zukunft zu tun ist. Unsere Gedanken gleichen immerwährenden Kommentaren zu allem, was laufend geschieht. Unser Gemüt spielt die Ereignisse immer wieder ab und begleitet sie bei jedem Durchlauf mit seinen Kommentaren. Wir urteilen, analysieren, kritisieren und bewerten alles, was wir in uns aufnehmen. Somit ist unser Gemüt ununterbrochen mit dieser Welt beschäftigt, und unsere Aufmerksamkeit wird vom richtigen Tor ins Jenseits abgelenkt.

Wir gleichen einem Blinden, der sich in einem Raum befindet und vor die Aufgabe gestellt ist, sich den Weg der Wand entlang zu tasten, um die Türklinke zu finden, damit er aus dem

Raum herausfindet. So berührt er die Wände auf der Suche nach der Klinke, doch jedesmal, wenn er in ihre Nähe kommt, juckt es ihn. Er nimmt seine Hände von der Wand, um sich zu kratzen, und verpaßt dadurch die Türklinke.

Ähnlich ist es mit uns: Oft, wenn wir in die Nähe von diesem inneren Tor gelangen, kommt ein Gedanke dazwischen, der uns ablenkt und verhindert, daß wir den Eingang entdecken. Dem Zufall überlassen, wäre es möglich, daß auch wir den Eingang nicht finden. Daher müssen wir bewußt eine Technik erlernen, um diesen Punkt zu erreichen. Meditation ist eine Methode, wodurch wir unsere Aufmerksamkeit am Dritten Auge sammeln können, um das Tor im Inneren zu entdecken.

Was sind göttliches Licht und göttlicher Klang?

Der Beginn der Reise unserer Seele besteht in der Verbindung mit dem Licht und Klang Gottes. Licht und Klang sind die beiden ursprünglichen Manifestationen Gottes. Es heißt, als Gott die Schöpfung ins Sein bringen wollte, daß ein Strom von Gott ausging. Dieser Strom manifestierte sich als Licht und Klang. Es war ein göttlicher Strom, der die gesamte Schöpfung hervorbrachte. Als sich dieser Strom weiter von seiner Quelle entfernte, veränderte sich seine Schwingung. So entstanden unterschiedliche Ebenen mit unterschiedlichen Schwingungen. Das Licht- und Klangprinzip brachte am Ende auch das gesamte physische Universum ins Sein.

Unser physisches Universum funktioniert mit der gröbsten Schwingungsrate. Die Schwingung ist so grob bzw. niedrig, daß sie sich als Materie manifestiert. Erst in den letzten Jahrzehnten begannen Wissenschaftler zu verstehen, daß das, was wir für feste Materie hielten, in Wahrheit tanzende Energiepakete sind. Im Kern der Materie befindet sich eine Energie aus Licht und Klang. Wenn wir ein Atom spalten, erfolgt ein gewaltiger Ausbruch von Licht und Klang. Diese Licht-

und Klangenergie in unserem physischen Universum ist die dichteste Schwingung des Licht- und Tonstromes, der vom Schöpfer ausgeht. Er brachte die gesamte Schöpfung ins Sein und erhält die gesamte Schöpfung.

Der Licht- und Tonstrom fließt von Gott aus, doch er führt auch wieder zu Gott zurück. Wir können uns mit diesem Strom am Dritten oder Einzelauge verbinden. Dort ist die Verbindungsstelle zwischen unserer Seele im Körper und dem Licht- und Tonstrom, der vom Schöpfer ausgeht.

Falls wir unsere Aufmerksamkeit an diesem Punkt konzentrieren können, können wir mit dem Licht- und Tonstrom in Verbindung kommen und uns in ihm in die höheren Schöpfungsebenen erheben. Dieser Strom wird uns schließlich zu unserer ursprünglichen Quelle zurückführen, zurück zum Herrn.

Hinweise auf Licht und Klang in den Religionen

In den verschiedenen religiösen Traditionen besteht eine erstaunliche Ähnlichkeit bei der Beschreibung des Licht- und Tonstromes. Die Berichte über die Schöpfung beginnen mit Gott als der Kraft, die alles ins Sein brachte. Diese Kraft wird mit unterschiedlichen Namen benannt, doch ihre Eigenschaften sind ähnlich. In der Bibel zum Beispiel wird sie das Wort genannt.

> *Im Anfang war das Wort, und das Wort war bei Gott, und Gott war das Wort. Dasselbe war im Anfang bei Gott. Alle Dinge sind durch dasselbe gemacht, und ohne dasselbe ist nichts gemacht, was gemacht ist.*
>
> (Johannes 1, 1-3)

Die alten griechischen Philosophen nannten die Kraft «Logos». Für sie war «Logos» das Mittel, aus dem Gott das Universum erschuf.

Im Alten Testament finden wir:

Der Himmel ist durch das Wort des HERRN gemacht...
Denn wenn er spricht, so geschieht´s...
(Psalm 33, 6, 9)

Das Gras verdorrt, die Blume verwelkt, aber das Wort unseres Gottes bleibt ewiglich.
(Jesaia 40, 8)

Und Gott sprach: Es werde Licht! Und es ward Licht.
(1 Mose 1, 3)

Im Neuen Testament heißt es:

(Er) trägt alle Dinge mit seinem kräftigen Wort...
(Hebräer 1, 3)

Bei den Hindus wird das Wort als «Nad» oder «Akash Bani» (die Stimme, die aus den Himmeln kommt), als «Udgit», «Jyoti» und «Sruti» (Licht und Klang) oder als «Prakash» bezeichnet. In den Veden und Upanishaden finden sich Hinweise auf das Wort wie beispielsweise dieser:

Er nahm das Wort zu Hilfe, den melodiösen Klang.

Im Islam bezeichnen die Sufis den Licht- und Tonstrom bzw. das Wort als «Sultan-ul-Azkar» (König der Gebete), «Saut-i-Sarmadi» (göttlicher Gesang), «Nida-i-Asman» (himmlischer Klang), «Kalam-i-Qadim» (der uralte Klang) und «Kalma» (Gespräch oder Wort).

Shamas von Täbris sagte:

Die Schöpfung kam durch Saut (Klang oder Wort) ins Sein, und aus Saut erstrahlt alles Licht.
(Krone des Lebens, S. 163)

Im Sikhismus gibt es zahlreiche Hinweise auf die schöpferische Kraft des Wortes. Sie wird dort als «Naam» oder «Shabd» bezeichnet:

Das Wort erschuf alle irdischen und himmlischen Systeme.
(Guru Granth Sahib, Gauri M.5)

Im Prolog zum Jap Ji von Guru Nanak heißt es:

Es gibt nur eine Wirklichkeit, das Ungeschaffen-Geschaffene, Immerseiende;
Er ist Naam (bewußter Geist);
Er ist die Schöpferkraft, die alles durchdringt;
Ohne Angst, ohne Feindschaft;
Das Zeitlose, das Ungeborene und das aus sich selbst Bestehende,
Vollkommen in sich selbst.
(Jap Ji, Prolog)

Guru Amar Das sagte:

Er ist alles in sich Selbst, und erfreut sich an Seiner Schöpfung, indem Er sie durch Shabd erhält.
(Guru Granth Sahib, Majh M.3)

Die Anhänger Zoroasters sprechen von «Sraosha» oder dem «Schöpferischen Wort». In dieser Tradition finden wir:

Wo der Allwissende, aus sich selbst seiende Lebenspender in Seiner alles durchdringenden Wirklichkeit weilt, rufe ich das göttliche Srasha (d.h. das Wort), das größte aller göttlichen Geschenke, um spirituelle Wohltat an.
(HA 33-35, Ahuravaiti Yasna)

Andere Heilige haben ebenfalls vom Tonstrom gesprochen. Soami Shiv Dayal Singh sagte:

Der Klang oder das Wort ist der Ursprung von allem. Er ist das Ein und Alles.
(Jap Ji, von Kirpal Singh, S. 27)

Das Wort und der Geist sind vom selben Ursprung, und beide entspringen derselben Essenz des Namenlosen Einen. Sie sind sowohl Ursprung wie Wirkung, und alles wurde aus Ihm erschaffen. Das Wort ist der Lehrer, ebenso der Schüler, und es erklingt im Herzen von allen.

(Jap Ji, von Kirpal Singh, S. 27)

Jemand, der mit dem Licht und Klang in Verbindung kam, kann die wahre Bedeutung der entsprechenden Hinweise in den Schriften verstehen. Die Schriften hüllen sich oft in Allegorien und eine metaphorische Sprache, um zu vermeiden, daß die gesamte geheime mündliche Überlieferung an alle weitergegeben wird.

Nur wer mit der mündlichen Überlieferung vertraut war, die vom Meister zum Schüler weitergegeben wurde, kannte die verborgene Bedeutung der Hinweise in den Schriften. Wenn wir einmal die Sprache verstehen, wird uns die Bedeutung klar, und wir sind in der Lage, die Beschreibung der Attribute der schöpferischen Kraft, wie sie in allen Schriften erwähnt sind, also solche zu erkennen.

Meditation auf das Licht und den Klang

Die Meditation auf Licht und Klang umfaßt zwei Praktiken: die Meditation auf das innere Licht und die Meditation auf den inneren Klang. Beide Übungen haben zum Ziel, eine bewußte Verbindung mit dem Licht- und Tonstrom herzustellen; dies führt dazu, daß sich die Seele über das körperliche Bewußtsein erhebt und in die inneren Bereiche reist.

Übung

Bei der Meditation auf das innere Licht konzentrieren wir unsere Aufmerksamkeit am Dritten Auge oder Einzelauge. Dabei wiederholen wir einen Namen Gottes, um unser Gemüt beschäftigt zu halten und mit dem Licht in Verbindung zu kommen, das sich bereits in uns befindet. Im folgenden werden die einzelnen Schritte dazu beschrieben:

Setzen wir uns in einer bequemen Haltung hin, in der unser Körper so lange wie möglich ruhig sein kann. Dies erfordert keine schwierigen Asanas (Yogaübungen) oder Haltungen; wählen Sie sich einfach eine Haltung aus, die für Sie am angenehmsten ist und in der Sie längere Zeit verweilen können. Meditation kann man bequem zu Hause ausüben, im Büro, während der Fahrt in einem Bus, im Zug oder im Flugzeug oder an einem schönen Ort in der freien Natur. Wir brauchen dazu nicht unser Heim und unsere Familie aufzugeben und uns in einen Dschungel, auf einen Berggipfel oder in eine Höhle zurückzuziehen.

Wir können überall praktizieren, wo wir sind. Wir können auf einem Sessel sitzen, auf einem Sofa oder am Boden. Wir können sogar im Liegen meditieren, doch wird das nicht empfohlen, weil man in dieser Haltung leicht einschläft. Wenn wir aber krank oder eine körperliche Behinderung haben, so daß es uns nicht möglich ist zu sitzen, können wir auch im Liegen meditieren.

Wenn wir einmal eine Haltung ausgewählt haben, schließen wir die Augen. Was die Dunkelheit sieht, sind nicht die äußeren Augen, vielmehr ist es unser inneres Auge bzw. das Auge der Seele. Nun schauen wir in die Mitte des dunklen Feldes vor uns. Wenn wir in diese Mitte schauen, richtet sich unsere Aufmerksamkeit eigentlich horizontal zu den physischen Augen aus, ungefähr 15-20 cm vor uns.

Wir sollten nicht versuchen, unsere Augäpfel nach oben zur Stirn richten, in der Hoffnung, dort etwas zu sehen, denn dies verursacht Spannung um die Augen herum und kann zu Kopfweh führen. Wir sollten vielmehr bequem nach vorne schauen, mit entspannten Augen, wie wenn wir schlafen gingen.

Anfangs sehen wir Dunkelheit. Aber wenn wir fortfahren, in die Mitte vor uns zu blicken, wird Licht hervorkommen. Wir können Licht in verschiedenen Farben sehen: rot, gelb, orange, blau, grün, violett, weiß oder gold. Wir können innere Szenerien sehen, wie Sterne, Mond oder Sonne. Gleich, was wir auch sehen, wir sollten fortfahren, immer in die Mitte zu schauen. Schließlich wird unsere Aufmerksamkeit in die inneren Ausblicke so vertieft sein, daß wir uns allmählich über das Körperbewußtsein erheben und in die Bereiche des Jenseits aufsteigen.

Bei der Meditation auf den inneren Klang hören wir auf den Klang, der von innen kommt. Der Tonstrom kommt von oben und wird schließlich unsere Seele nach innen auf eine Reise ins Jenseits ziehen.

Hinweise auf die Meditation in verschiedenen Religionen

Beide Formen dieser Meditation wurden von Heiligen und Mystikern in den verschiedenen Religionen praktiziert. Weil sich die Terminologie für den Licht- und Tonstrom in den verschiedenen Sprachen und Kulturen unterscheidet, glauben wir vielleicht, daß es sich um unterschiedliche Techniken handelt. Doch die überall in der Welt verwendeten Übungen sind grundsätzlich gleich. In der Bibel zum Beispiel wird dieser Licht- und Tonstrom heiliges Wort genannt.

> *Mit den Ohren werdet ihr hören und werdet es nicht verstehen, und mit sehenden Augen werdet ihr sehen und werdet es nicht erkennen.*
>
> (Matthäus 13, 14)

Aber selig sind eure Augen, daß sie sehen,
und eure Ohren, daß sie hören.
Wahrlich, ich sage euch: Viele Propheten und Gerechte haben begehrt zu sehen, was ihr sehet, und haben's nicht gesehen,
und zu hören, was ihr höret, und haben's nicht gehört.
(Matthäus 13, 16-17)

Der Licht- und Tonstrom ist sehr subtil. Er kann nicht mit unseren physischen Augen und Ohren wahrgenommen werden. Es ist etwas, das wir mit dem Auge unserer Seele sehen und hören. Wenn es in der Bibel also heißt, «mit den Ohren werdet ihr hören und werdet es nicht verstehen», bedeutet dies, daß das Wort mit unserem physischen Hörorgan nicht gehört werden kann, sondern nur mit der Aufmerksamkeit unserer Seele. Wenn wir das innere Licht sehen, trifft es weder auf unserer Retina auf, noch wird es durch den Sehnerv an das Gehirn weitergeleitet; es wird vielmehr auf der Ebene der Seele wahrgenommen.

In der Tradition der Sikhs heißt es: «Erkenne, daß das wahre Wissen und die wahre Meditation der göttliche Klang ist.»

Die Upanishaden sagen, «Meditation auf Nad oder den Tonstrom ist der Königsweg zur Erlösung». (Hansa Naad Upanishad)

Maulana Rumi, ein Sufi-Heiliger, sagte: «Werde nicht skeptisch, sondern stimme dich auf den Klang ein, der aus den Himmeln kommt.» Auch sagte er: «Erhebe dich über den Horizont, o tapfere Seele, und lausche dem melodiösen Gesang, der aus dem höchsten Himmel kommt.»

Prophet Mohammed sagte: «Die Stimme Gottes dringt an mein Ohr wie jeder andere Klang.»

In den Schriften der Jains steht geschrieben: «Der Aspirant wird angewiesen, in der Einsamkeit zu sitzen und mit einpunktiger Aufmerksamkeit auf das Große Mantra von Panch Permesti (fünffacher Klangstrom) zu meditieren und das Licht wahrzunehmen.» (Shri Sutra Nandi)

Falls es uns gelingt, auf das innere Licht und den inneren Klang zu meditieren, werden wir feststellen, daß wir unser Ziel erreichen können. Wir beginnen mit unserer Konzentration am Dritten Auge, denn von dort aus verläßt die Seele den Körper. Da der Licht- und Klangstrom von Gott ausgeht, können wir die Himmelsmusik ergreifen und sie wie einen Strom zu seinem Ursprung zurückverfolgen.

Wie können wir unser Gemüt während der Meditation ruhig halten?

Das Gemüt ist in ständiger Bewegung. Je mehr wir versuchen, das Gemüt ruhig zu halten, desto mehr Gedanken schickt es uns. Das Gemüt ist wie Quecksilber; es ist immer unruhig und bewegt sich immer. Es kann von Bildern und Gedanken an New York nach Paris, Delhi und wieder zurück springen. Heilige und Mystiker haben sich im Verlauf der Zeiten mit diesem Problem auseinandergesetzt. Viele Schriften sprechen davon, das Gemüt mit einer Aufgabe beschäftigt zu halten: mit der Wiederholung des Namens des Herrn. Die Wiederholung hält das Gemüt beschäftigt, damit sich unsere Aufmerksamkeit auf das Gesichtsfeld konzentrieren kann, das vor uns liegt.

Manche praktizieren diese Wiederholung hörbar, mit der Stimme. Manche wiederholen die Namen Gottes, während sie einen Rosenkranz oder eine Perlenschnur abzählen. Andere machen es, indem sie still sitzen, aber dabei ihre Zunge bewegen. Die wirksamste Weise ist, die Namen Gottes mental zu wiederholen. Der Grundgedanke bei dieser mentalen Wiederholung besteht darin, den Körper ruhig zu halten. Wenn sich die Zunge bewegt, wird sich die Aufmerksamkeit darauf richten, daß das Gehirn die Zunge bewegt. Die Zunge zu verwenden bedeutet auch, daß der Klang der Namen hörbar wird, was wiederum unsere Aufmerksamkeit aktiviert und auf den Sinn des Hörens richtet. Demgegenüber bedarf die mentale Wiederholung nicht der Aktivierung von Organen oder Sinnen. Der Mund bleibt still, und der Gehörsinn ist nicht eingeschaltet. Bei der mentalen Wiederholung wird nur das Denken aktiviert, und genau darauf kommt es an – es zu beschäftigen. Durch die Wiederholung der Namen Gottes bringt man das Gemüt zur Ruhe. Während das Gemüt still ist, kann sich unsere Aufmerksamkeit ohne Hindernis am Dritten Auge konzentrieren, damit wir das innere göttliche Licht sehen.

Die Worte, die man bei der Wiederholung verwendet, nennt man manchmal Mantra. Mantras wurden schon seit uralten Zeiten eingesetzt und von den Heiligen oder Meistern ausgewählt, die Adepten in der Kraft des Klangs waren, der jenseits des menschlichen Wissens liegt. Diese heiligen Silben besitzen die Kraft – wenn sie mit der spirituellen Aufmerksamkeit eines erleuchteten Wesens aufgeladen worden sind –, die Aufmerksamkeit an jenen Punkt zu ziehen, wo sie mit dem Licht und Klang in Verbindung kommt.

Die Aufladung hilft dem Aspiranten, die Aufmerksamkeit am Dritten Auge zu konzentrieren. Sie hilft uns, unsere Aufmerksamkeit von der Welt und vom Körper zurückzuziehen und am Dritten Auge zu sammeln. Die Wiederholung der Namen gibt der Seele spirituellen Auftrieb, damit sie sich vom körperlichen Bewußtsein zurückziehen und sich mit dem Licht und Klang in uns verbinden und schließlich in einen Bewußtseinszustand der Reiche des Jenseits eintreten kann.

Durch Meditation eröffnet sich uns eine völlig neue Welt. Wenn wir meditieren lernen, können wir Einlaß durch ein Tor finden, das uns in Welten von Glückseligkeit, Licht und Liebe im Inneren führt.

12. Reisen in die inneren Reiche des Lichts

Regionen von Licht, die unsere Seele mit einer starken Liebe umarmen, erwarten jeden einzelnen in uns. Anblicke und Klänge jenseits von allem, was wir uns jemals vorstellen könnten, befinden sich in uns. Eine unglaubliche Musik, weit jenseits von allem, was man mit weltlichen Instrumenten erzeugen kann, erklingt in jedem Augenblick. Reiche, in denen Liebe widerhallt, bestehen in diesem Augenblick im Inneren. Farben, die wir uns niemals vorstellen könnten, und Klänge, die so melodiös sind, daß sie die Seele bezaubern, kennzeichnen die inneren Welten. Orte der Glückseligkeit und Freude, an denen wir all unsere weltlichen Sorgen vergessen, rufen uns von innen.

Wir wissen, daß Menschen mit Nahtod-Erfahrungen, die sich nur an der Schwelle zum Jenseits befanden, von einem Licht berichtet haben, das viel strahlender als alles ist, was in dieser Welt zu sehen ist. Sie sprechen von einem Lichtwesen, das so viel Liebe ausstrahlt – eine Liebe, die größer als jegliche Liebe war, die sie in dieser Welt erfahren hatten. Bücher von Dr. Raymond Moody und persönliche Berichte von Bette Eadie und zahlreichen anderen, die Nahtod-Erfahrungen erlebten, vermitteln uns eine Ahnung von dem, was uns im Inneren erwartet. Wir brauchen jedoch keine Nahtod-Erfahrung, um die inneren Welten zu erforschen, sondern können das Tor dorthin durch Meditation betreten.

Woher wissen wir etwas über die inneren Bereiche?

Es gibt eine Kosmologie der inneren, spirituellen Bereiche, die uns Entdeckungsreisende, die diese Bereiche besucht haben, wie auf einer Karte aufzeichnen. Während die Terminologie, die sie verwendet haben, um diese Bereiche zu beschreiben, verschieden ist, sind ihre Erfahrungen dennoch dieselben.

Da unterschiedliche Begriffe verwendet werden, haben manche Leser den Eindruck, daß nicht vom selben Ort die Rede ist. Nehmen wir ein Beispiel aus dieser Welt: Stellen wir uns vor, drei Menschen – jemand aus Frankreich, aus Indien und aus Amerika – unternehmen eine Reise nach Kashmir. Der Franzose, der Kashmir besucht, spricht über die Blumen, die er sieht, und bezeichnet sie als «les fleurs», während der Inder «phul» dazu sagt und der Amerikaner «flowers». Sie alle sehen dasselbe, doch die Worte, um dies zu beschreiben, sind unterschiedlich.

Nehmen wir an, jeder der drei Reisenden berichtet in einem gedruckten Journal, was er oder sie gesehen hat. Jemand aus einem anderen Land, der weder Französisch noch Hindi noch Englisch spricht, liest diese Artikel. Ohne die Sprachen zu kennen und ohne in Kashmir gewesen zu sein, glaubt der Leser, daß die Reisenden verschiedene Orte besucht haben.

Nur ein erfahrener Reisender, der ebenfalls in Kashmir war, kann aufzeigen, daß sich die Besucher aus Frankreich, Indien und Amerika auf dieselben Sehenswürdigkeiten bezogen, doch unterschiedliche Begriffe dafür verwendeten.

Genauso ist es bei der Reise in die inneren Bereiche. Jeder Erforscher kam vielleicht aus einem unterschiedlichen Land und hatte eine andere Sprache. Wenn wir daher Jahre bzw.

Jahrhunderte später ihre Berichte lesen, erkennen wir nicht mehr, daß sie denselben Ort besucht haben.

Ein weiteres Problem bei der Beschreibung der inneren Ebenen besteht in der Frage, wie man sie unterteilen soll. Ein Reisender nimmt zum Beispiel eine Unterteilung nach gewissen Eigenschaften und Grenzlinien vor und kommt auf fünf innere Ebenen, während eine andere Person nach anderen Kriterien unterteilt und auf acht Regionen kommt. Eine dritte Person findet drei Unterteilungen, während noch eine weitere Person alles als Einheit zusammenfaßt. Wie ist das möglich?

Verwenden wir nochmals ein Beispiel von Reisen in der Welt. Angenommen, wir besuchen die Niagara-Fälle, die an der Grenze zwischen den USA und Kanada liegen. Jemand ohne Landkarte erkennt vielleicht nicht, daß zwischen den beiden Gebieten eine Grenze besteht und glaubt, daß beide Ufer der Fälle zu ein und demselben Land gehören.

Da es keine Landkarten oder Straßenmarkierungen in den inneren Bereichen gibt, gelangen die Reisenden in die inneren Ebenen zu einem unterschiedlichen Ergebnis über die Anzahl der Regionen.

Die Beschreibungen, die uns die spirituellen Entdeckungsreisenden der Vergangenheit hinterlassen haben, sind überaus interessant und dienen uns als Inspiration, dieselbe Reise in die inneren Reiche zu unternehmen. Doch ein Beweis für ihre Existenz kann nur gefunden werden, wenn wir die Reise selbst unternehmen. Keine noch so große Anzahl an Schriften wird einen Sucher nach der Wahrheit zufriedenstellen, solange er oder sie nicht mit eigenen Augen gesehen und mit eigenen Ohren gehört hat.

In diesem wissenschaftlichen Zeitalter möchten die Menschen ihre eigenen Erfahrungen machen, um die Richtigkeit der Aussagen anderer verifizieren zu können. Wir mögen lesen, was andere im Inneren erfahren haben, doch unser Durst wird nur dann wirklich gestillt sein, wenn wir selbst vom inneren Nektar trinken und mit unseren eigenen inneren Augen und Ohren herausfinden, was sich im Jenseits befindet.

Wenn wir also lesen, was Heilige und Mystiker im Jenseits erfahren haben, müssen wir bedenken, daß wir die Möglichkeit haben, ihre Aussagen durch Meditation zu beweisen und selbst die Wahrheit zu erfahren.

Beschreibung der inneren Bereiche

Eine detaillierte Kosmologie der inneren Bereiche finden wir in verschiedenen Quellen. Wenn wir die Puranas der Hindu, die mystischen Schriften des Christentums und des Judentums und die Schriften der Heiligen Asiens aus verschiedenen Traditionen miteinander vergleichen, erhalten wir ein Profil der inneren Regionen, die jenseits der physischen Ebene liegen. Während manche Berichte in anderen Religionen vielleicht nicht so detailliert sind, gibt es andere Beschreibungen von Teilen der inneren Ebenen, die diesen Berichten entsprechen.

Leider haben viele Heilige, Mystiker, Propheten und Religionsgründer ihre inneren Erfahrungen nicht in ihrer Gesamtheit aufgezeichnet. Manche Heilige und Mystiker hinterließen keinerlei Aufzeichnungen. Wenn daher eine Religion gegründet wurde, nachdem diese Heiligen die Welt verlassen und der Betreffende nichts über die inneren Bereiche aufgezeichnet hatte, glauben die Anhänger vielleicht, daß solche geistigen Regionen gar nicht existieren, weil nichts darüber ausgesagt wurde.

Eine andere Möglichkeit ist, daß Anhänger der Meinung sind, die inneren Bereiche bestehen nur soweit, als entsprechende Beschreibungen vorliegen. In manchen Religionen zum Beispiel gibt es Beschreibungen über einen Himmel. Wenn aber nur über den Himmel und nicht über andere spirituelle Bereiche berichtet wird, denken die Religionsanhänger vielleicht, daß die einzige Region, die existiert, dieser bestimmte Himmel ist.

Wir haben ein ähnliches Problem, wenn wir die Geschichte der Welt lesen. Die historischen Berichte, die wir in Büchern finden, sind subjektiv. Wenn die Geschichtsschreiber beschließen, bestimmte Teile der Geschichte auszulassen, bedeutet das nicht, daß diese Ereignisse nicht vorlagen. Wenn wir daher die Berichte der inneren Ebenen durchgehen, die die Heiligen, Mystiker, Propheten und spirituellen Lehrer beschrieben, müssen wir bedenken, daß jeder die Regionen bis zu dem Ausmaß beschrieb, das er wünschte oder von dem er das Gefühl hatte, es sei für die Anhänger wichtig. Jene, die keine Berichte hinterließen, wollten dadurch nicht unbedingt zum Ausdruck bringen, daß die inneren Ebenen nicht existieren.

Viele Heilige glaubten, daß die inneren spirituellen Bereiche nicht für die breite Öffentlichkeit waren, hielten die Information geheim und gaben sie nur mündich in der Beziehung vom Meister zum Schüler weiter. Die alten griechischen Mysterienschulen waren ein gutes Beispiel dafür. Sie enthüllten die «Mysterien» nur den Initiierten. Doch einige der Studenten dieser Mysterienschulen, wie Plato und Sokrates, gaben in ihren Schriften Hinweise auf die spirituellen Mysterien. Manche der Heiligen, wie Kabir und Soami Shiv Dayal Singh, hinterließen detaillierte Aufzeichnungen. Obwohl sie einen Teil der Lehren nur für ihre Schüler geheimhielten, schrieben sie viel über die innere Kosmologie für ein breiteres Publikum.

Eine Zusammenstellung der inneren Bereiche, die aus vielen dieser Quellen stammen, weist auf einen Verlauf von Ebenen hin, entweder aufsteigend von der physischen Ebene bis zu den spirituellen Welten oder absteigend von den spirituellen Welten bis zur physischen Ebene. In der Bibel sagt Jesus:

> *In meines Vaters Hause sind viele Wohnungen.*
> (Johannes 14, 2)

Im folgenden wird die Kosmologie vom Standpunkt einer Seele dargelegt, die sich durch Meditation über das Körperbewußtsein erhebt:

Wenn wir unsere Aufmerksamkeit am Dritten Auge oder Einzelauge konzentrieren, können wir mit dem Licht- und Tonstrom Verbindung aufnehmen. Die Seele, die in diesem Strom versunken ist, beginnt, sich über das physische Bewußtsein des Körpers und der Welt zu erheben.

Während wir uns in das innere Licht vertiefen, sehen wir innere Sterne, Mond, Sonne und gelangen zum Tor in die Astralebene.

Wir erreichen die Astralebene, aus der Licht und Klang hervorströmen. Unsere Seele, die nun den physischen Körper abgelegt hat, reist jetzt in einem leichteren, feineren ätherischen Körper, bekannt als Astralkörper. Obwohl die Astralebene nicht so fest wie unsere physische Ebene ist, weist sie viele ähnliche Eigenschaften wie diese Welt auf, doch in einer feineren, subtileren Form. Das Licht dort ist heller als in dieser Ebene, und die Region ist von der wunderschönen Musik des Tonstroms durchdrungen, der sich in einem bestimmten Klang manifestiert.

Leider geschieht es leicht, daß die reisende Seele davon eingenommen wird und in dieser Ebene gefangen bleibt. Die Astralebene ist voller zahlreicher Versuchungen, die viel leichter zu befriedigen sind als solche auf der physischen Ebene, weil die Seele hier nicht mit dem Hindernis eines physischen Körpers belastet ist.

Wir können uns von einem Bereich der Astralebene zu einem anderen so schnell bewegen, wie sich die entsprechenden Gedanken bilden, und dadurch ein Verlangen nach dem anderen erfüllen. Sie ist keineswegs eine spirituelle Ebene, und die Seele kann in ihrem unbegrenzten Angebot an Freuden verlorengehen. Heilige und Mystiker versuchen, ihre Schüler davon abzuhalten, sich in dieser Ebene zu verlieren, und führen die Seele lieber in höhere Regionen, indem sie sie vor diesen Ablenkungen abschirmen.

Als nächstes reist die Seele von der Astralebene in die Kausalebene. Die Kausalebene hat ein charakteristisches Licht und einen eigenen Klang, viel strahlender und melodiöser als in der Astralebene. Hier wirkt die Seele mit einem Kausalkörper und mit einem kausalen Gemüt, die beide viel feinstofflicher sind als der Astralkörper und das astrale Gemüt. Das kausale Gemüt ist eins mit dem Universalen Gemüt.

Es ist zwar eine faszinierende Aussicht, das Wissen über das Wirken der drei unteren Ebenen zu erlangen, doch auch hier verbirgt sich eine große Gefahr für die Seele. Die Kraft des Gemüts ist so groß, daß wir uns in seinem Wissen verlieren können. Wir können in einem Zustand endloser Kreativität gefangen sein, in dem wir neue Erfindungen machen oder im Bereich der Musik, der Dichtung, der feinen Künste, des Tanzes, der Bildhauerei und der Literatur schaffend tätig sind.

Viele Kreationen in der physischen Welt sind ein Ergebnis der Inspiration des Universalen Gemüts aus der Kausalebene. So kann ein Wissenschaftler, ein Schriftsteller, Dichter oder Künstler aus dem Schlaf oder einem Traum mit einer plötzlichen Eingebung aufwachen, um ein Problem zu lösen oder etwas zu kreieren. Man denke an die endlosen Veränderungen und Kombinationen von Erfindungen und schöpferischen Leistungen.

Mit einer vorgegebenen Anzahl von Musiknoten kann das Gemüt zahllose Lieder und Melodien erzeugen. Mit einer bestimmten Anzahl an Buchstaben, Klängen und Wörtern kann das Gemüt eine scheinbar grenzenlose Zahl an Schriften oder gesprochenen Gedanken schaffen. Mit einer festgesetzten Farbpalette kann man zahllose Gemälde schaffen. Man gehe durch irgendein Einkaufszentrum und beobachte die Vielzahl der Produkte. Alles, was es in der physischen Welt gibt, entspringt dem Gemüt, dessen Heimat in der Kausalebene liegt. So wie es in den Schriften der Hindus über diese Ebene heißt: «Was es hier gibt (in der Welt der Phänomene), existiert auch dort (in Brahman); und was dort ist, ist hier dasselbe.» (Katha Upanishad 2.1.10)

Nochmals: Für die Seele ist es gefährlich, sich in der Kausalebene zu verlieren. Es ist wahr, daß es eine schöne Region ist, die noch viel feiner als die astrale und die physische Ebene ist. Doch wenn sich die Seele im Wissen des Gemüts verfängt, kann sie große Schwierigkeiten haben, höher aufzusteigen.

Ein spiritueller Führer ist wichtig, um sicherzustellen, daß sich die Seele nicht in dieser Region verstrickt. Das Universale Gemüt unternimmt jede Anstrengung, um die Seele in ihren Fängen zu halten, denn die nächste Ebene ist die spirituelle Ebene, in der die Seele das Bewußtsein, wer sie ist, wiedererlangt.

Nur durch die Führung eines erfahrenen inneren Reisenden können wir die Fallen umgehen, die uns in den astralen und kausalen Bereichen erwarten. Der innere Führer, der den Weg kennt, wird uns in einen Bereich bringen, der Suprakausalebene genannt wird, anstatt zuzulassen, daß wir uns in der Kausalebene verlieren.

In der Suprakausalebene finden wir einen See von Nektar, genannt Mansarovar, in den die Seele eintaucht und dadurch ihren Kausalkörper abstreift. Die Seele ist nun nur noch von ihrem Suprakausalkörper umhüllt, einem dünnen Schleier, der die Seele umgibt. Diese Ebene liegt jenseits von Gemüt und Sinnen.

Es gibt wahrlich keine irdische Sprache, um die Suprakausalebene zu beschreiben. Wir haben nur blasse Vergleiche dafür. Da das physische, astrale und kausale Gemüt in den unteren Welten zurückgelassen wurde, kann uns das Gemüt hier nicht mehr helfen. Die Wahrnehmung hier ist eine unmittelbare Erfahrung der Seele.

Die Suprakausalebene hat ebenfalls ein ihr eigentümliches Licht und einen eigenen Klang, die der Seele helfen zu erkennen, wer sie ist. In dieser Ebene endet das Vergessen der Seele um ihr wahres Wesen, und sie erkennt: «Ich bin vom selben Wesen wie Gott.»

Dennoch bemerkt die Seele, daß immer noch eine Hülle sie von Gott trennt. Ein intensives Verlangen steigt in ihr auf, mit ihrem Geliebten eins zu werden. Sie möchte sich nicht in der

Suprakausalebene aufhalten: Der Ruf Gottes ist mächtig. Die Seele möchte weiter reisen, um in die wartenden Arme des Geliebten zu finden.

Schließlich betritt sie die rein spirituelle Region von Sach Khand oder Sat Lok (Wahre Region), ihre ewige Heimat. Mit einer Intensität, die viel größer ist, als sie ein weltlicher Geliebter für seine Geliebte hat, eilt die Seele in die Arme des Herrn. Wie Eisenspäne zu einem Magneten hingezogen werden, wird die Seele gezogen, um sich mit Gott zu vereinen. Die Freuden der ewigen Heimat erreichen eine Intensität, die stärker als jeglicher menschliche Gedanke sind. Die Seele tritt in einen Zustand ewiger Glückseligkeit ein, wenn sie in dieser Region mit Gott verschmilzt. Mit Berauschung und durchdringender Freude erfährt die Seele hier ihren eigenen wahren Zustand.

Ein Gespür von Freiheit erfüllt sie, und sie besteht in einem Zustand des reinen Vergnügens und Verwunderns. Obwohl dies nur ein blasser Vergleich ist, denke man an die Freiheit und den Frieden, die wir in den Ferien oder im Urlaub erleben. Wir stellen unseren Wecker ab, legen unsere Tagesplaner fort und erfreuen uns eines zeitlosen Zustands der Entspannung und des Vergnügens.

Hier, in Sach Khand, findet die Seele ihre ewige Ruhe vor Schmerzen, Kummer, Herausforderungen und Enttäuschungen der unteren Ebenen. Hier gibt es keinen Schmerz, keine Sorge und keinen Tod. Alles ist Freude, Liebe und immerwährendes Glück. Die Seelen erfreuen sich für ewiglich an ihrem Einssein mit Gott. Die Seele ist hier voll erwacht und in ihre ursprüngliche Kraft gestellt. Hier betreten wir einen Zustand grenzenloser göttlicher Weisheit, Unsterblichkeit, bedingungsloser Liebe, Furchtlosigkeit, Verbundenheit und Glückseligkeit. Hier sind wir eine Seele, die ihre Macht völlig wiedererlangt hat.

13. Die Schichten über der Seele beseitigen

Ein Team von Bergsteigern, das einen Gipfel des Himalaya erklimmt, muß konzentriert bleiben, um sein Ziel zu erreichen. Ähnlich ist es, wenn wir uns über das Körperbewußtsein erheben: Unsere Seele muß auf unser Ziel konzentriert sein. Um unsere Aufmerksamkeit zum sechsten Chakra zurückziehen zu können, dürfen wir keine Störung durch Körper oder Gemüt erfahren. Wenn wir unseren Körper bewegen, wird unsere Aufmerksamkeit zerstreut. Wenn wir Gedanken haben, stört unser Gemüt die Konzentration unserer Aufmerksamkeit.

Eine Blockade, die eine Verzögerung unseres Fortschritts bewirkt, ist die Ablenkung in der Meditation durch unsere negativen Gedanken, Worte und Taten im Verlauf des Tages.

Ablenkende Gedanken aufgrund von Ärger, Falschheit, Lust, Habgier, Verhaftung und Ego schwirren wie ein Wirbelwind während der Zeit, in der wir meditieren wollen, in unserem Gemüt umher. Wenn wir diese negativen Eigenschaften beseitigen können oder lernen, sie zu kontrollieren, wird unser Gemüt ausgeglichener und ruhiger sein und unsere Meditation wird sich verbessern.

Wenn wir diese Blockaden entfernen können, wird sich unser Gemüt in einem ruhigen und friedlichen Zustand befinden, der für eine erfolgreiche Meditation erforderlich ist, und wir werden den Schichten des Zorns ein Ende bereiten, die schwarze Flecken machen und das Leuchten unserer Seele verbergen.

Unsere Blockaden bewußt wahrnehmen

Der erste Schritt, um die Blockaden zu entfernen, die unsere Seele umgeben, besteht darin, sie wahrzunehmen. Wenn wir zu einem Arzt gehen, können wir nicht geheilt werden, wenn keine richtige Diagnose gestellt wurde. Wenn wir zu einem Lehrer gehen, muß man zuerst unsere derzeitigen Leistungen feststellen, damit man weiß, welche Fähigkeiten man uns beibringen soll. Wenn wir zu einem Sporttrainer gehen, müssen ebenfalls erst unsere Möglichkeiten analysiert werden, bevor man uns anleiten kann, wie wir uns verbessern können. Genauso müssen wir wissen, welche Blockaden wir haben, um zu beginnen, an ihrer Entfernung zu arbeiten.

Viele Heilige, Mystiker und Philosophen der Geschichte unternahmen eine systematische Anstrengung, um ihre eigenen Blockaden zu analysieren. Jeden Tag gingen sie ihre Gedanken, Worte und Taten durch, die sie im Verlauf des Tages hatten. Falls sie feststellten, daß sie in den verschiedenen ethischen Tugenden versagt hatten, entschlossen sie sich, es am nächsten Tag besser zu machen.

Khwaja Hafiz, ein persischer Mystiker, warf für jeden seiner Fehler einen kleinen Kieselstein in einen Tonkrug. Wenn er nach einigen Tagen feststellen mußte, daß der Krug bereits gefüllt war, wurde er ganz verzweifelt. In Indien warfen einige Weise jedesmal, wenn sie in einer Tugend versagt hatten, kleine Getreidekörner in einen Krug. Oder sie banden bei jeder Verfehlung einen Knoten in ein Tuch und zählten am Ende des Tages die Knoten.

Der Hl. Ignatius von Loyola, ein christlicher Heiliger, schlug vor, daß die Menschen jeden Tag ihre Fehler analysieren sollten. Er empfahl, Gott zu bitten, uns bei der Erkenntnis, wie oft wir täglich einen bestimmten Fehler begangen hatten, zu helfen, und Ihn um Vergebung zu bitten. Dann sollten wir uns davor hüten, diesen Fehler am nächsten Tag wieder zu begehen.

Unsere Fehler zu untersuchen, ist wie ein Blick in einen Spiegel, um festzustellen, welche Unreinheiten wir haben. Wenn wir die einzelnen Kategorien auflisten, wie Gewaltlosigkeit, Wahrhaftigkeit, Reinheit, Demut und selbstloses Dienen, und jeden Tag die Fehler zählen, die wir in diesen Kategorien in Gedanken, Worten und Taten begangen haben, hätten wir ein Profil der Blockaden vor uns, die uns davon abhalten, die Seele wieder in ihre Macht einzusetzen. Wir sollten diese Selbstanalyse nicht unter dem Aspekt durchführen, daß wir uns selbst geißeln, sondern um uns am nächsten Tag zu verbessern. Das sollte nicht als Nährboden für Niedergeschlagenheit und geringe Selbstachtung dienen; eine solche Analyse sollte vielmehr ein hilfreiches Werkzeug sein, um zu erkennen, an welchen Bereichen wir arbeiten müssen, um unser spirituelles Ziel zu erreichen.

Wenn wir einmal wissen, wo wir in bezug auf unsere gegenwärtigen Blockaden stehen, können wir Schritte unternehmen, um sie zu eliminieren. Vielleicht führen wir darüber Buch und verfolgen unseren Fortschritt über die Zeit hinweg. Wir können uns zum Ziel setzen, die Fehler in den einzelnen Kategorien der Tugenden auf Null zu reduzieren, doch sollten wir nicht erwarten, sie alle auf einmal abzulegen.

Sich zu ändern, erfordert Zeit. Alte Gewohnheiten sterben langsam. Unser Fortschritt verläuft vermutlich schrittweise, und das ist in Ordnung. Wir können mit kleinen Veränderungen nach und nach beginnen, wie ein, zwei, drei oder vier Verbesserungen pro Kategorie an jedem Tag. Oder wir wollen mit nur einer Kategorie zu einer Zeit beginnen und uns dann darauf konzentrieren, daß wir uns nur in diesem Bereich verbessern, bevor wir zu anderen Bereichen übergehen.

Es spielt keine Rolle, wie wir uns verbessern, solange wir jeden Tag zunehmend etwas fortschreiten. Wenn man einen

Berg erklimmen möchte, muß man einen Schritt nach dem anderen machen. Falls wir glauben, in einem Augenblick zum Gipfel fliegen zu können, sind wir vielleicht enttäuscht und entmutigt, weil wir uns unrealistische Ziele gesetzt haben. Anstatt den Mut zu verlieren und aufzugeben, ist es besser, nacheinander kleine Schritte zu machen und festzustellen, daß wir allmählich fortschreiten. Bevor uns das vorher groß auffällt, wird ein Tag kommen, an dem wir feststellen, daß wir in vielen Bereichen Fehler vermindert haben.

Beginnen wir daher damit zu analysieren, wo wir stehen. Seien wir ehrlich, wenn wir uns selbst betrachten. Falls wir versuchen, unsere Fehler zu verbergen, wird darunter kein anderer als wir selbst letzten Endes leiden. Wir verzögern unseren eigenen Fortschritt, falls wir unsere Unreinheiten ignorieren. Je aufrichtiger wir uns selbst analysieren können, desto eher können wir etwas unternehmen, um die Fehler zu berichtigen und sie zu beseitigen.

Die Blockade des Zorns beseitigen

Wir glauben vielleicht, daß niemand weiß, was wir denken, aber unsere Gedanken erzeugen Schwingungen, die von anderen auf einer subtilen Ebene wahrgenommen werden können. Akbar zum Beispiel war ein großer Kaiser in Indien. Eines Tages riet ihm einer seiner Minister, mit seinen Gedanken über andere sorgsam umzugehen. Der Minister erklärte ihm: «Gedanken sind sehr mächtig. Versuchen wir folgendes Experiment: Seht Ihr den Mann, der uns auf der Straße entgegen kommt? Ich möchte, daß Ihr zornige Gedanken über ihn denkt, wenn er auf uns zugeht. Und schauen wir dann, was geschieht.»

Der Herrscher betrachtete den fremden Mann und dachte sich: «Dieser Mann soll ausgepeitscht werden.»

Als der Fremde näher kam, fragte ihn Akbar: «Was hast du dir gedacht, als du mein Gesicht sahst?»

«Verzeih, Kaiser, aber ich wollte Euch schlagen und das Genick brechen.»

Keine Worte wurden ausgesprochen; keine Handlungen wurden ausgeführt, aber die gewalttätigen Gedanken des Königs gegen den Mann wurden von ihm registriert, und der Fremde war versucht, auf gewalttätige Weise zu reagieren. Wir gebrauchen vielleicht keine Worte, doch unser Ärger wirkt sich in negativen Schwingungen in der Umgebung aus, durch aggressive Körpersprache, Gesichtsausdrücke und einen verärgerten Tonfall. Das wirkt nicht nur auf den Empfänger unseres Ärgers ein, sondern kommt wie ein Bumerang zu uns zurück und stört unseren Gemütsfrieden.

Das Ergebnis unseres Zorns ist, daß wir den ärgerlichen Vorfall nochmals durchleben, wenn wir uns zur Meditation setzen. Wir spielen unsere im Ärger ausgeführten Handlungen nochmals durch oder grübeln über unsere zornigen Worte und Gedanken nach. Wir reagieren weiter darauf und sind über das Geschehene außer uns. Wir verbringen vielleicht viel Zeit mit Nachdenken, wie wir mit der betreffenden Person abrechnen, Rache nehmen oder es ihr heimzahlen wollen. Wir planen, wie wir das Problem lösen und welche Schritte wir unternehmen werden, um uns beim nächsten Mal zu schützen. Die wertvolle Zeit, die wir für die Meditation vorbehalten hatten, wird durch unsere Gedanken an die vergangenen Ereignisse, die uns ärgerlich gemacht haben, und durch die Gedanken, was wir in der Zukunft als Lösung unternehmen können, vergeudet.

Wir können Zorn beseitigen und ihn durch Gewaltlosigkeit ersetzen. Täglich sind wir mit zahlreichen Situationen konfrontiert, die uns aufregen können. Die Dinge verlaufen nicht, wie wir es uns vorstellen, die Menschen tun nicht, was wir wollen, und sagen Dinge, die uns verletzen. Mit Ärger darauf zu reagieren, verlängert nur die Negativität. Der Kreislauf von «ich habe dich verletzt» und «du hast mich verletzt» dauert ohne Unterbrechung an. Der einzige Weg, um diesen Kreislauf zu durchbrechen, ist Gewaltlosigkeit. Wir müssen unser Gemüt unter Kontrolle halten und anders reagieren. Es mag schwer sein, doch es ist nicht unmöglich.

Christus sagte: «Und wer dich schlägt auf eine Backe, dem biete die andere auch dar.» (Lukas 6, 29). Mahatma Gandhi half durch gewaltfreie Gedanken, für Indien die Unabhängigkeit von Großbritannien zu erlangen. Dr. Martin Luther King jr. führte die Bewegung der Bürgerrechte in den USA mit gewaltfreien Methoden an. Jeder weiß, daß Gewalt Gewalt hervorruft, und wenn man eine humane, friedliche Welt verwirklichen möchte, kann dies nur durch Gewaltlosigkeit erlangt werden.

Wir können auf unterschiedliche Weise mit Wut oder Zorn umgehen. Eine Möglichkeit liegt darin, sich die Langzeitwirkungen unseres Ärgers oder Zorns als abschreckendes Mittel vorzustellen. Eine andere Methode ist, sich ein Ziel zu setzen und sich dann bewußt zu machen, wie uns die Auswirkungen von Wut oder Ärger von diesem Ziel abhalten können. Ein dritter Weg ist Meditation, um die physiologische Reaktion auf Ärger zu durchbrechen.

Sich die zukünftigen Konsequenzen unseres Ärgers auszumalen, kann uns davon abhalten, wütend zu reagieren. Angenommen, jemand hat uns verärgert.

Wir können uns angewöhnen, dem Ärger mit den Worten Einhalt zu gebieten: «Wenn ich mich weiterhin in Gedanken ärgere oder Worte des Zorns spreche oder entsprechend handle, wird es mir nichts bringen.» Oder wir können sagen: «Wenn ich in diesem Zustand der Wut bleibe, werde ich mir Probleme schaffen.» Wir wollen vielleicht sogar sagen: «Diese Person hat mich verletzt und sich dadurch Probleme geschaffen. Möchte ich zornig reagieren und meine eigenen Schwierigkeiten vergrößern?»

Wenn wir uns der Auswirkungen unseres Ärgers bewußt werden, können wir vielleicht unserem Gemüt angewöhnen, gewaltlos auf die Situation zu reagieren, wie es auch Buddha tat, als ihm jemand eines Tages eine Tirade an Beschimpfungen an den Kopf warf. Geduldig hörte er zu, obwohl einige seiner Schüler aufgeregt wurden und es dem Angreifer zurückzahlen wollten. Statt dessen sagte Buddha zu diesem Menschen nur: «Dein Geschenk nehme ich nicht an.» Das Geschenk des Ärgers, das die schimpfende Person mit sich brachte, blieb bei ihr und wirkte sich auf Buddha überhaupt nicht aus.

Eine weitere Möglichkeit, um Ärger unter Kontrolle zu halten, ist, sich ein Ziel zu setzen. Wenn wir uns zum Ziel setzen, eine bestimmte Anzahl an Stunden täglich zu meditieren, um spirituell fortzuschreiten, können wir uns während dieser Zeit vor Übergriffen schützen. Wenn wir spüren, daß wir wütend werden, können wir uns sagen: «Wenn ich zulasse, daß dieser Ärger hochkommt, dann wird es dazu führen, daß ich meine wertvolle Meditationszeit verschwende. Anstatt zu meditieren, werde ich dasitzen und nachdenken, wie zornig ich bin. Wie soll ich in solch einem Zustand meditieren und mich darauf konzentrieren, was ich im Inneren sehe? Der Ärger kann Stunden oder sogar Tage in mir weiterschwelen und somit Anlaß geben, daß ich die knappe Zeit verschwende, die ich für die Meditation übrig habe.» Wir können diesen Gedanken dann noch weiter ausdehnen, indem wir sagen: «Es wird immer Situationen geben, die mich ärgerlich machen. Möchte ich durch das Leben gehen, indem ich immer wegen der einen oder anderen Sache verärgert bin? Dieses Leben ist kostbar – ich möchte es nicht mit unnötigem Ärger verschwenden, der mir nicht weiterhilft.»

Eine andere Möglichkeit, um mit Ärger fertig zu werden, ist die Meditation. Es klingt wie ein Paradox: Um eine fruchtbringende Meditation zu haben, müssen wir den Ärger überwinden, aber um Zorn zu überwinden, müssen wir meditieren. Eigentlich ist das aber kein Paradox, sondern vielmehr ein Erfolgskreislauf. Gleich, auf welcher Stufe der Meditation wir uns befinden, die Zeit, die wir in Meditation verbringen, kann uns beruhigen, so daß wir auf eine Situation nicht ärgerlich reagieren. Meditation hat eine physiologische Wirkung, die uns hilft, Zorn zu beherrschen. Während der Meditation verlangsamt sich unser Herzschlag, wodurch gleichzeitig die Frequenz unserer Gehirnwellen herabgesetzt wird. Körper und Gemüt treten in einen entspannteren Zustand ein. In einem solchen Zustand hat Ärger eine geringere Chance, an Stärke zu gewinnen. Wenn wir uns beruhigen und sich unser Ärger legt, können wir unsere Konzentrationsfähigkeit in der Meditation erhöhen. Je mehr Zeit wir in Meditation verbringen, desto geübter sind wir, ruhig und ausgeglichen zu sein.

Die Blockade der Falschheit auflösen

Eine andere Möglichkeit, um unseren spirituellen Fortschritt zu beschleunigen, ist die Beseitigung von Falschheit. Falschheit ist eine Falle, in die uns unser Gemüt führt. Falls wir eine Lüge erzählen, andere täuschen, stehlen oder die Wahrheit verbergen, wird unser Gemüt damit beschäftigt sein, diese Unwahrheiten aufrechtzuerhalten. Wir müssen Zeit aufwenden, darüber nachdenken, wie wir verhindern, entdeckt zu werden. Für jede Lüge oder unehrliche Handlung müssen wir viele andere Lügen erfinden, um die erste zu verdecken. Wir müssen uns immer vor Augen führen, was wir zu den einzelnen Personen gesagt haben, damit wir uns in unserer Lüge nicht verstricken. Sorgen und Angst beunruhigen dann vielleicht unseren Kopf und stören unseren Gemütsfrieden während der Meditation.

Falls wir immer ehrlich und wahrhaftig sind, gibt es nichts zu verstecken und wir haben nichts zu befürchten. Falls wir in unseren Handlungen aufrichtig sind, brauchen wir uns nicht darum zu kümmern, ob jemand dahinterkommt, was wir getan haben. Wir können friedlich schlafen und friedlich meditieren.

Es gibt verschiedene Wege, um Falschheit aus unserem Leben zu beseitigen. Einer besteht darin zu erkennen, daß wir zwar gewisse Handlungen für eine Weile vor anderen geheimhalten können, aber Gott alles weiß, was wir tun, und daß all unsere Handlungen unfehlbar in unserer Seele aufgezeichnet werden. Wir können vor Gott nicht verbergen, was wir tun. Wir können den Blick der anderen vorübergehend verschleiern, doch Gott ist Wahrheit, und wenn wir uns auf Unwahrheit einlassen, sind wir weit vom Herrn entfernt. Alles, womit wir glauben, noch einmal davonzukommen, wird uns eines Tages wieder einholen. Wenn wir denken, bevor wir handeln, können wir uns in der Zukunft einiges an Herzeleid ersparen.

Falls wir uns selbst das Ziel setzen, unsere Seele zu erwecken und zu stärken, dann wollen wir uns keine Hindernisse in den Weg legen. Falls wir erkennen, daß Falschheit uns zum Sklaven vieler weiterer Lügen macht, denken wir vielleicht zweimal nach, bevor wir lügen, stehlen oder betrügen. Andernfalls wird unser Leben nicht mehr im Dienste unserer Seele und des Herrn stehen, sondern im Dienste unserer Lüge. Die Zeit, die wir dazu brauchen, um unsere Lüge zu verbergen, wird uns aus dem Zustand des Gleichmuts ziehen, der für die Meditation erforderlich ist. Anstatt uns mit Gedanken der Liebe, Wahrheit und des selbstlosen Dienens zu beschäftigen, werden wir den ganzen Tag über von unserer Unwahrheit verfolgt werden. Wollen wir die kostbaren Atemzüge, die uns gewährt wurden, wirklich verschwenden, indem wir der Unwahrheit dienen? An unser Ziel zu denken und voller Eifer darauf hin zu arbeiten, ist ein Schutz vor der Grube der Falschheit.

Die Blockade der Lust auflösen

Eine weitere Blockade, die wir auflösen müssen, ist Lust. Lust führt uns in die der Entdeckung der Seele entgegengesetzte Richtung. Wir wissen, wie Gemüt und Sinne in die Versuchungen der Welt hineingezogen werden. Wenn wir dies zulassen, gleichen wir dem Kind am Karussell, das am goldenen Ring vorbeikommt, ihn aber jedesmal verpaßt. Der goldene Ring wartet am sechsten Chakra auf uns, am Dritten Auge. Wenn unsere Aufmerksamkeit durch Lust abgelenkt ist, werden wir den Ring nicht fangen. Lust verzögert nur unseren Fortschritt. Können wir es uns leisten, Zeit zu verschwenden, um zum Tor zu gelangen, das uns zur Seele und zu Gott führt?

Es gibt einige Möglichkeiten, um Lust zu überwinden. Eine ist, die Gefahren zu begreifen, die damit verbunden sind, in die Schlingen der Lust zu geraten. Eine weitere Möglichkeit ist, an unserem gewählten Ziel festzuhalten. Eine dritte Möglichkeit besteht darin, Lust durch Reinheit und die größeren Freuden zu ersetzen, die wir innen in der Meditation erfahren.

Es ist vielleicht schwer, doch wenn wir uns genau prüfen und nachdenken, was wir tun, bevor wir in die Grube der Lust fallen, können wir die Gefahr vermeiden. Wenn wir alkohol- oder drogengefährdet sind, möchten wir vielleicht an die Auswirkung auf unseren Körper und auf das Leben der uns nahestehenden Personen nachdenken und Hilfe suchen.

Manche Menschen sind süchtig nach lustvollen Vergnügungen und verlieren sich in Sinnesfreuden. Diese Abhängigkeiten können andere, die an solchen Handlungen nicht teilnehmen wollen, verletzen. Genau der Schmerz, den wir durch unsere Süchte zu vermeiden glauben, wird später zu uns zurückkehren und wird um vieles stärker sein, wenn wir andere irgendwie verletzen.

Sich in Lust zu engagieren, kann unseren Fortschritt behindern. Die größeren Freuden, die innen auf uns warten, entfliehen uns, wenn wir in den Freuden dieser Welt gefangen werden. Die Vergnügungen dieser Welt sind vergänglich. Wir vergeuden die Gelegenheit, bleibendes und ewiges Glück und Freude zu erfahren, und streben nach Seifenblasen, die innerhalb eines Augenblickes bersten können, wenn wir in der Lust gefangen sind.

Wie können wir Lust durch Reinheit ersetzen? Wenn wir uns mit Menschen umgeben und an Orten aufhalten, wo Lust vorherrscht, können die Versuchungen für uns sehr groß sein. Wenn wir dies mit Menschen und einer Umgebung ersetzen, wo alles von Reinheit durchdrungen ist, sehen wir uns weniger Versuchungen ausgesetzt.

Wir können unser Gemüt rein halten, indem wir heilige Schriften lesen, geistlicher Musik lauschen oder an Orte gehen, wo wir Gott verehren können. Über spirituelle Themen und über Gott zu sprechen, kann uns helfen, bei reinen Worten zu bleiben. Wenn wir uns am selbstlosen Dienst für andere beteiligen, wenn wir uns um unsere körperliche Gesundheit kümmern oder unser Gemüt, Fähigkeiten und Talente entwickeln, kann uns das helfen, unser Gemüt rein zu halten.

Die beste Methode, um Lust zu besiegen, ist jedoch, die weltlichen Vergnügen durch eine spirituelle Freude zu ersetzen. Wenn wir einem Kind ein Spielzeug aus der Hand nehmen wollen, ist es am besten, wenn wir ihm statt dessen einen Gegenstand überlassen, der mehr Freude vermittelt. Die Glückseligkeit, die wir erhalten, wenn wir unsere Seele mit Gott verbinden, ist um so vieles befriedigender, erfüllender und berauschender als alles in dieser Welt.

Zeit für die Meditation einzusetzen bietet uns eine Methode, um unsere Aufmerksamkeit von lustvollen Zielen abzulenken. Jedesmal, wenn wir meditieren, wird unsere Seele gestärkt. Und wenn wir sie immer mehr kräftigen, kommt sie uns zu Hilfe, wenn wir weltlichen Versuchungen gegenüberstehen. Gott hilft unserer Seele, uns zu stärken, es mit der Lust aufzunehmen. Dann können wir uns in unseren Meditationen besser konzentrieren. In dem Maße, in dem wir in der Meditation gewinnen, werden wir weiter gestärkt. Mit neuer Kraft kann unsere Seele unser Gemüt und seine Lust kontrollieren. Dieser Zyklus dauert an, bis wir schließlich die Blockade der Lust überwinden und eine viel größere Ekstase in uns erleben.

Die Blockade der Habgier auflösen

Habgier hält uns in einer nie stillstehenden Tretmühle. Sie verleitet uns, einer weltlichen Errungenschaft nach der anderen nachzulaufen, ohne zu erlauben, daß wir uns zufrieden fühlen. Wir können gierig sein nach Geld, Besitz, Macht oder Ruhm. Egal, was wir haben, wir möchten immer mehr davon oder etwas völlig anderes. Als Ergebnis verwenden wir unsere Energie dazu, das zu schützen, was wir haben, oder das anzusammeln, was wir noch nicht haben. Wir sind dann so damit beschäftigt, unsere Habgier zu befriedigen, daß kaum Zeit und Energie übrig bleibt, um unsere Seele zu entdecken.

Wie können wir die Blockade der Gier auflösen? Dazu müssen wir rechtes Verstehen entwickeln. Wir müssen verstehen, daß das, was wir in dieser Welt festhalten oder ergreifen wollen, so unbeständig ist wie die Sandburg eines Kindes. Das Meer des Lebens kann es mit der steigenden Flut hinwegspülen und auf diese Weise mitnehmen, was wir uns unter Einsatz harter Arbeit aufgebaut haben. Durch Meditation können wir hingegen vom dauerhaften Reichtum kosten, der uns innen erwartet.

König Mahmud von Ghazni baute sein Reich auf, indem er die Völker Asiens eroberte. Er hatte Schätze aus allen Teilen seines Reiches angehäuft, und als er starb, befahl er, daß man all seine Güter vor ihm ausbreiten möge, damit er alles noch einmal ansehen könnte. Stundenlang betrachtete er Goldmünzen, kostbare Juwelen und wertvolle Gegenstände. Plötzlich begann er zu weinen und sprach zu seinen Höflingen: «Wegen dieser Dinge habe ich zehntausend Menschen töten lassen und dadurch Tausende von Frauen zu Witwen und Kinder zu Waisen gemacht. Dennoch kann mich nicht das geringste Goldstück hinüber begleiten, wo ich nun sterben muß.» Dann wies er seine Wärter an, bei seinem Leichenzug seine beiden Hände aus dem Sarg herausgestreckt zu lassen. Auf die Frage «warum?» erwiderte er: «Ich möchte die Menschen wissen lassen, daß ich trotz all meines Reichtums die Welt mit leeren Händen verlassen mußte. Wir können nichts Irdisches von dieser Welt mit uns mitnehmen.» Nehmen wir uns jedesmal, wenn wir einen Wunsch nach Dingen dieser Welt hegen, einen Augenblick Zeit und überlegen, was er uns kosten wird. Christus sagte in diesem Zusammenhang: «Denn was hülfe es dem Menschen, wenn er die ganze Welt gewönne und nähme an seiner Seele Schaden?» (Markus 8, 36)

Habgier kann man durch Losgelöstheit ersetzen. Obwohl viele hart für ihren Lebensunterhalt arbeiten, verdienen manche Menschen viel Geld, andere dagegen sehr wenig. Was immer wir erhalten, sollten wir im Geiste der Ungebundenheit annehmen, ohne habgierig zu werden. Man kann durchaus eine gute Position im Beruf anstreben oder Überstunden machen, um mehr Geld zu verdienen, und doch dabei von den Ergebnissen innerlich gelöst bleiben. Was wir verdienen, können wir benutzen, um uns und unsere Familie zu ernähren, zu kleiden und zu behausen und um auch mit anderen in Not zu teilen. Doch was wir haben, sollte nicht zum Gegenstand unserer Verhaftung werden. Unser Besitz erweckt Habgier in uns, wenn wir all unsere Zeit einsetzen, um uns darüber zwanghaft Sorgen zu machen, oder wenn wir ihn horten, um ihn zu behalten. Falls wir illegale Mittel einsetzen, um mehr zu verdienen, oder wenn wir von anderen nehmen, was ihnen rechtmäßig zusteht, ist dies nicht nur eine Verletzung von Wahrhaftigkeit, sondern auch ein Ausdruck von Habgier.

Die Reichtümer, die wir während des Lebens anhäufen, können uns nicht ins Jenseits begleiten; doch die Aufzeichnung unserer Handlungen während des Lebens geht mit uns. Wollen wir das uns innewohnende Gute für vergänglichen Besitz eintauschen? Wenn wir verstehen, daß unsere Seele und Gott die Wirklichkeit sind und daß die Welt das Vergängliche ist, können wir bessere Entscheidungen treffen und beginnen, Habgier unter Kontrolle zu bringen.

Man kann Habgier auch dadurch beseitigen, daß man analysiert, welche Kosten sie für unsere Seele verursacht. Eine Anekdote aus dem Leben von Abou ben Adham beleuchtet dies. Abou ben Adham (auch als Ebrahim ibn Adham bekannt) war König von Balkh, als ihn ein Ereignis veranlaßte, nach dem Ziel seines Lebens zu suchen:

Mit seinen Ministern auf beiden Seiten saß er einmal auf seinem Thron und gewährte der Öffentlichkeit Audienz. Plötzlich kam ein Mann auf ihn zu. Er hatte einen derartig erschreckenden Ausdruck im Gesicht, daß selbst die Minister des Königs den Fremden nicht anblicken wollten.

«Was willst du?» fragte Abou.

«Ich kehre in diesem Wirtshaus nur kurz ein», erwiderte der Fremde.

«Dies ist kein Wirtshaus. Dies ist mein Palast. Du mußt wohl ein Verrückter sein», antwortete der König.

«Wer besaß diesen Palast vor dir?» fragte der Mann.

«Mein Vater», sagte Abou.

«Und wem gehörte er vor ihm?» fragte der Mann.

«Meinem Großvater», erwiderte Abou.

Der Dialog mit dem Fremden ging immer so weiter, daß der Fremde danach fragte, wer jeweils davor Eigentümer war. Schließlich meinte er: «Wohin sind all diese Besitzer gegangen?»

«Sie sind alle tot», war die Antwort des Königs.

«So», schloß der Fremde, «ist dies also nicht doch ein Wirtshaus, das von einer Person betreten und von einer anderen verlassen wird?»

Mit dieser Bemerkung verschwand der Fremde. Doch die Unterhaltung veranlaßte Abou ben Adham, seine Suche nach Gott aufzunehmen, zumal er erkannte, daß die Dinge dieser Welt vergänglich sind, während es für ihn wichtiger war, seine Seele und Gott zu entdecken.

Wir wissen, daß es Zeit und Aufmerksamkeit erfordert, um unsere Seele und Gott zu erkennen. Wir müssen Zeit in Meditation verbringen; wir müssen verschiedene Blockaden auflösen, indem wir ein positives Leben der Liebe führen; wir müssen darüber nachdenken, was uns Habgier kostet, wenn wir unser Ziel erreichen wollen.

Können wir Gier ersetzen? Die Freude des Gebens kann das Glück des Empfangens übertreffen. Und dann können wir weit mehr zurückerhalten, als wir geben. Die Segnungen, die uns aus Geben und Teilen erwachsen, können hier auf Erden nicht erwogen werden; wir werden mit der Liebe und Gnade Gottes überschüttet.

Wenn wir uns in den Fängen der Gier befinden, können wir überlegen, statt dessen irgendeinen selbstlosen Dienst zu verrichten. Mit der Zeit können wir eine neue Gewohnheit bilden, und wir können nach Gelegenheiten suchen, um zu geben statt zu nehmen.

Wenn wir das Verlangen nach mehr Dingen und Besitztümern spüren, verlieren wir die Kontrolle über uns. Um unser Gleichgewicht wieder zu erlangen, können wir uns zur Meditation hinsetzen. Wenn wir mit dem Licht und Klang in Verbindung kommen und uns über das Körperbewußtsein erheben, erkennen wir die vergängliche Natur dieser Welt und das dauerhafte Wesen unserer Seele.

Wir erfahren unsere Seele jenseits des Körpers. Mit dieser neuen Perspektive können wir die Dinge dieser Welt als vorbeiziehende Seifenblasen betrachten, die sich von einem Augenblick zum anderen auflösen. Wir erkennen, daß die Seele und Gott das Wesentliche sind. Wir verstehen, daß es im Jenseits darauf ankommt, wieviel wir anderen von uns selbstlos geben.

Wenn wir eine selbstlose, gebende Einstellung entwickeln, können wir feststellen, daß die Flecken, die unsere Seele aufgrund von Habgier bedecken, abzufallen beginnen. Wir werden jedesmal, wenn wir unserer Seele die Oberhand einräumen und geben und teilen, spirituellen Fortschritt machen.

Die Blockade der Verhaftung auflösen

Verhaftung schafft eine Blockade für die Seele, weil sie unsere Aufmerksamkeit in die Welt hinauszieht. Als Bürger dieses irdischen Universums brauchen wir irdischen Besitz, Familienbande und materielle Objekte, um überleben zu können. Das hat damit zu tun, daß wir Menschen auf der Erde sind. Für unseren spirituellen Fortschritt ist es aber hinderlich, wenn wir so verhaftet sind, daß uns dies von unserem spirituellen Ziel abbringt.

Wir können eine Familie, ein Haus, Möbel, ein Auto, Kleidungsstücke, ein Bankkonto und all das haben, was man zum modernen Leben braucht, doch wenn wir so daran hängen, daß wir unserer Seele und unserem spirituellen Fortschritt keine Aufmerksamkeit widmen, dann werden diese Dinge zu einer Quelle der Bindung. Wenn wir die Seele stärken wollen, müssen wir in einem Zustand der Ungebundenheit leben. Dies bedeutet, die Dinge, die uns gegeben wurden oder die wir verdient haben, zu verwenden, doch dabei so losgelöst zu bleiben, daß sie unsere Aufmerksamkeit nicht so stark in Anspruch nehmen, daß wir darüber unsere Seele vergessen.

Wenn wir Verhaftung überwinden wollen, müssen wir Losgelöstheit entwickeln. Wir müssen wie die Lotusblume sein, die im schlammigen Wasser lebt, deren Blütenblätter aber unbeschmutzt bleiben. Ungebundenheit bedeutet, in dieser Welt zu leben, doch in der Lage zu sein, sich nach Wunsch darüber zu erheben, um unsere Seele mit Gott zu verbinden.

Die Dinge, an denen wir in dieser Welt hängen, können uns nicht über die Grenzen dieses Lebens hinaus begleiten. Diese Erkenntnis kann uns helfen, unsere Aufmerksamkeit auf die spirituelle Seite unseres Lebens zu lenken, denn was wir im Bereich der Seele gewinnen, wird für immer bei uns bleiben.

Das Hauptproblem der Verhaftung liegt darin, daß sie uns zu anderen negativen Eigenschaften verleitet. Wenn wir an irgend etwas zu sehr hängen, sind wir vielleicht auf jemanden ärgerlich, der es uns wegnehmen möchte. Um an dem festzuhalten, woran wir hängen, betreten wir vielleicht den Bereich der Täuschung und Falschheit. Wenn wir mehr von den Dingen möchten, an denen wir haften, gleiten wir in Habgier ab. Zwanghafte Verhaftung kann uns zu Lust führen. Wir sind vielleicht stolz auf unseren Besitz und nähren dadurch unser Ego. Wenn wir uns der Fallstricke der Verhaftung bewußt sind und erkennen, wie sie immer mehr Schichten um unsere Seele legt, kann uns das helfen, diesem Hindernis aus dem Weg zu gehen. Losgelöstheit bzw. Ungebundenheit hilft uns frei zu werden, Gott durch Meditation anzustreben, ein Leben positiver Eigenschaften zu führen und unsere Seele zu erkennen.

Die Blockade des Egos auflösen

Eine der subtilsten und trickreichsten Blockaden, die wir auflösen müssen, ist das Ego. Ego ist die Methode des Gemüts, uns davon abzuhalten, mit unserem spirituellen Wesen in Verbindung zu kommen. Ego manifestiert sich auf unterschiedliche Weise: als Stolz auf Besitz, Stolz auf Wissen, Stolz auf Schönheit und Stolz auf Macht. Das Ego fügt uns Schaden zu, indem es unsere mentalen und physischen Eigenschaften, die weltliche Rangstellung, den Besitz aufbläht, während es Gott, der all diese Gaben gewährt, negiert.

Wenn wir zu hoch von uns selbst denken, vergessen wir, daß wir in Wahrheit ein Teil Gottes sind, des Einen, der für all das Gute, das wir sind und das wir haben, verantwortlich ist. Eine weitere Gefahr des Egos besteht darin, daß wir andere verletzen können, wenn wir ihnen das Gefühl vermitteln, daß wir besser sind als sie und daß sie wertlos sind. Wenn wir andere verletzen, verletzen wir uns dadurch am Ende selbst.

Ego ist die Blockade, die am schwierigsten zu beseitigen ist. Selbst Rishis und Seher, die ihr ganzes Leben mit Bußübungen verbrachten, konnten ihr Ego nicht aufgeben. Wenn Menschen, die ihr Leben in Hingabe an Gott verbringen, das Ego nicht aufgeben können, wie sollte das dann für Anfänger auf dem spirituellen Pfad möglich sein? Eine Möglichkeit, um Ego zu eliminieren, ist die Verbindung mit dem göttlichen Licht und Klang durch Meditation.

Jedesmal, wenn wir meditieren, wird das Ego immer weniger. Warum? In dem Maße, wie wir unsere Seele und das innere Licht und den inneren Klang erfahren, erkennen wir immer mehr von der Größe Gottes. Auf der Reise unserer Seele durch die inneren spirituellen Bereiche erkennen wir, daß wir ein Teil Gottes sind und daß alles, was wir sind oder was wir haben, vom Herrn kommt.

Wenn wir einen schönen Körper erhalten haben, einen guten Intellekt, einen hohen Rang oder Wohlstand im Leben, so geht dies alles auf Gottes Segnungen zurück. Anstatt egoistisch zu sein, entwickeln wir eine Haltung der Dankbarkeit. Anstatt auf unsere eigene Größe stolz zu sein, entwickeln wir Dankbarkeit gegenüber Gott.

Es gibt eine wunderbare Geschichte, die diesen Aspekt schildert. Ein heiliger Mann verbrachte sein ganzes Leben mit Bußübungen vor Gott. Jeden Tag kniete er sich auf den harten Boden, um seine Gebete zu verrichten. Er betete so eifrig, daß seine Knie durch diese Haltung schmerzten. Er lebte in der Wüste, und so war ein Granatapfelbaum seine einzige Nahrungsquelle. Jeden Tag brachte der Baum eine Frucht hervor, die der Mann verzehrte und deren Fruchtsaft er trank. Als das Leben des Mannes beendet war, wurde er vor Gott gebracht, der beurteilen sollte, was nun in seinem jenseitigen Leben mit ihm geschehen sollte.

Der Herr sagte zu ihm: «Ich vergebe dir als Zeichen der Gnade.» Der Mann war schockiert. Er wunderte sich, warum ihm Gott vergäbe, da er sein ganzes Leben knieend im Gebet an den Herrn zugebracht hatte. Er erwartete sich, daß ihm Gott große Ehre wegen seiner Frömmigkeit und Heiligkeit erweisen würde. Lag hier ein Irrtum vor? fragte er sich.

Schließlich sagte der Mann: «O Herr, mein ganzes Leben habe ich dem Gebet zu Dir gewidmet. Wie ist es möglich, daß Du mir dann vergeben mußt, wenn ich keine Sünde begangen habe?»

Gott sprach: «Möchtest du, daß ich dir deine Sünden zeige?» Der Mann wunderte sich, weil er sich an keine Sünden in seinem Leben erinnern konnte.

«Ja, ich möchte sehen, wie ich gesündigt habe.»

Gott antwortete: «Jeden Tag, als du an den Ort deiner Gebete gingst, bist du auf viele Insekten getreten und hast sie dabei getötet.» Als Gott so sprach, begann der Mann aus Angst, Gott könnte ihn bestrafen, zu zittern.

Gott fuhr fort und sagte: «Du lebtest in einer Wüste, die dir keine Nahrung hätte bieten können, doch habe ich dir einen Granatapfelbaum wachsen lassen, der dich mit Essen und Trinken versorgte, und du hast mir dafür niemals Dankbarkeit erwiesen.»

Der Mann erkannte seine Fehler und bat Gott um Vergebung. Gott antwortete: «Nun verstehst du, daß ich dir all deine Sünden als Zeichen der Gnade vergebe.» Der Mann hatte seinen Irrtum erkannt und verneigte sich in Dankbarkeit vor dem Herrn für Seine Barmherzigkeit.

Diese Anekdote zeigt uns, wie subtil das Ego ist. Trotz seines scheinbar frommen und heiligen Lebens beging dieser Mann unbewußt Fehler. Das Ego erhebt sich, wenn wir meinen, vollkommen oder besser als andere zu sein, und nicht in Demut unsere Schwächen erkennen. Wir erkennen nicht, daß Gott trotz unserer Fehler voller Mitgefühl ist und uns gewährt, was wir brauchen, ob wir es verdienen oder nicht.

Durch Meditation können wir unser Ego besiegen und immer mehr von der Größe Gottes erfahren. Wir können das Ego auch verringern, indem wir Gott für das, was wir erhalten, Dankbarkeit erweisen. Wenn wir erkennen, daß Gott der Gebende ist und wir die Empfänger sind, dann werden wir uns nicht so sehr wegen unserer guten Eigenschaften rühmen.

Wir werden all das Gute, das uns widerfährt, als Geschenk Gottes betrachten und Demut entwickeln. In dieser demütigen Haltung werden wir auch beginnen, das Gute in anderen zu sehen. Wir werden nachsichtiger und werden andere eher annehmen, und wir werden auch ihren Fehlern gegenüber nachsichtiger, weil wir sehen, daß auch wir Fehler haben. Auf diese Weise können wir die Blockade des Egos überwinden und in den natürlichen Zustand der Demut zurückkehren, der unsere Seele auszeichnet.

Selbstanalyse als Mittel, um uns selbst zu erkennen

Übung

Wenn wir täglich Zeit dafür aufwenden, um unsere Gedanken, Worte und Taten zu überprüfen, können wir sehen, wo wir stehen. Wir werden herausfinden, welche Unreinheiten unser Gesicht beeinträchtigen, und können dann Schritte unternehmen, um sie zu entfernen. Wenn wir sehen, daß wir in bestimmten Bereichen Fehler haben, können wir uns darauf konzentrieren, sie zu überwinden. Daß wir uns der eigenen Blockaden bewußt werden, ist der erste Schritt. Dann können wir weitere Schritte unternehmen, um uns unserer Gedanken, Worte und Taten bewußt zu werden und zu versuchen, sie zu beherrschen. Langsam, aber stetig werden wir jede einzelne Blockade entfernen können, eine nach der anderen. Durch Meditation können wir diesen Vorgang beschleunigen, weil wir mit der Quelle von allem Guten in Verbindung kommen. Die reinigende Kraft des göttlichen Lichts und Klangs hilft uns, unsere negativen Eigenschaften zu beseitigen. Auf diese Weise kann unsere Seele in ihrer ganzen Schönheit, in all ihrem Licht und all ihrer Liebe erstrahlen.

14. Zeit für unser Selbst finden

Wenn uns jemand erzählte, daß irgendwo in unserem Hinterhof, tief im Boden, ein Schatz vergraben läge, der Millionen von Dollars wert sei, was würden wir tun? Wo wären wir in jedem freien Augenblick? Wahrscheinlich wären wir draußen im Hinterhof und würden wie verrückt graben, bis wir unseren Goldtopf gefunden hätten. Wie könnten wir uns auf irgend etwas anderes konzentrieren, wenn wir wüßten, daß wir auf einer Goldmine leben? Dennoch ist diese Situation nicht weit von dem entfernt, was sich tatsächlich mit jedem von uns abspielt. Wir haben einen Schatz in uns begraben, der Reichtümer enthält, die noch viel erfüllender sind, als Millionen von Dollars zu besitzen. Wir haben die Möglichkeit, uns mit unserem Schöpfer zu verbinden, der darauf wartet, in uns gefunden zu werden, und dennoch gehen wir durchs Leben, ohne von unserem grenzenlosen Potential zu wissen.

Das Glück, das wir vermeintlich durch äußeres Wohlergehen erlangen können, ist illusorisch. Wir streben nach Geld, weil wir Dinge kaufen wollen, von denen wir glauben, daß diese Objekte uns Glück verschaffen. Betrachten wir aber die reichen Nationen der Welt. Sind die Menschen dort glücklich? Wenn ja, warum ertränken dann so viele Menschen ihre Sorgen in Drogen, Alkohol oder destruktiven Beschäftigungen oder liegen auf den Sofas von Therapeuten?

Manche Menschen, die alles haben, was man mit Geld erwerben kann, und zusätzlich Rang und Namen und Macht, fühlen sich oft so erbärmlich, daß sie sogar auf tragische Weise ihr Leben beenden, indem sie eine Überdosis an Drogen und Alkohol nehmen. Offensichtlich bieten Geld, Rang und Namen den Menschen nicht das versprochene Glück.

Die Zufriedenheit, die wir suchen, erhalten wir aus einer Quelle, die nicht aus Materie besteht. Das Glück, das wir suchen, befindet sich in uns auf der Ebene unserer Seele. Glückseligkeit, unbegrenztes Wissen, Kraft, Furchtlosigkeit, Glück und Frieden sind die Schätze unserer Seele. Falls wir am richtigen Ort graben können, werden sie alle uns gehören.

Die Zeit finden, um nachzugraben

Falls wir wüßten, daß in unserem Hinterhof Schätze vergraben wären, hätten wir kein Problem, Zeit zum Graben zu finden. Wir würden jeden freien Augenblick stehlen, zur Schaufel zu greifen und zu suchen. Falls wir dieselbe Dringlichkeit und Hingabe einsetzen könnten, um unsere Seele zu finden, würden wir die inneren Reichtümer entdecken.

Doch was tun die meisten leider? Sie verbringen ab und zu einige Minuten damit, nach den spirituellen Schätzen zu suchen, und manchmal liegen Tage, Wochen oder Monate dazwischen. Bei solch geringem Einsatz einen Erfolg zu erwarten gleicht der Absicht, einen medizinischen Grad erlangen zu wollen, indem man nur wenige Minuten alle paar Wochen einmal Vorlesungen besucht oder studiert. Wenn wir nur gelegentlich einige wenige Minuten für unser spirituelles Vorhaben einsetzen, werden wir unserem Ziel zwar ein wenig näher kommen, aber das kann mehrere Jahrhunderte dauern.

In jedem Moment verstreicht mehr Zeit. Mit jeder Bewegung des Zeigers der Uhr wird unser Leben kürzer und kürzer. Jede Minute ist kostbar. Wenn wir die Reichtümer der

Seele entdecken wollen, müssen wir den besten Gebrauch von unserer Zeit machen.

Wenn wir etwas anstreben, was uns wirklich am Herzen liegt, ist es nicht schwer, Zeit dafür zu finden. Wenn wir uns wirklich für ein Ziel entschlossen haben, stellen wir fest, daß wir uns auf die Aufgabe konzentrieren, bis sie beendet ist. Wir können uns kaum von solcher Arbeit losreißen, die uns unserem ersehnten Ziel näher bringt. Nur wenn wir das Gefühl haben, uns selbst zu einer Aktivität zwingen zu müssen, müssen wir uns darum sorgen, wie wir die Zeit dazu finden. Zeit für etwas zu haben ist nur dann ein Problem, wenn wir uns nicht entschlossen haben, ein bestimmtes Ziel zu erreichen. Dann müssen wir uns disziplinieren, um Zeit für die Aufgabe einzusetzen, die wir erfüllen wollen. Es ist wesentlich leichter, wenn wir ein starkes Verlangen und eine Sehnsucht nach unserem Ziel haben.

Ähnlich ist es dann, wenn wir ein überwältigendes Verlangen danach haben, unsere Seele zu finden und mit dem Schöpfer eins zu werden. Dann ist es kein Thema, entsprechende Zeit zu finden. Wir werden so in unsere innere Suche vertieft sein, daß wir uns darin verlieren.

Unser Ziel erreichen

Was sind die Vorteile davon, wenn wir unsere Seele entdecken? Manche Menschen möchten Seligkeit und Glück finden. Andere sehnen sich nach dem Wissen darüber, was jenseits dieser Welt ist. Für andere besteht der motivierende Faktor darin, die Angst vor dem Tod zu überwinden. Und wieder andere werden von der Erfahrung vorangetrieben, daß sie in ihrer Seelenkraft wachsen.

Verlieren wir nicht die wertvolle Zeit. Wie viele von uns kennen jemanden, der unerwartet aus dem Leben geholt wurde? Es kann ein Kind oder ein Jugendlicher gewesen sein, der verschied; es kann eine geliebte Person gewesen sein. Oder es war jemand, der sich bester Gesundheit erfreute. Wenn wir es am wenigsten erwarten, kann eine uns liebe Person sterben. Wir wissen nicht, wann wir an der Reihe sind. Selbst wenn uns nicht der Tod einholt, kann uns eine Krankheit befallen. Manche Krankheiten beeinträchtigen uns so sehr, daß wir nicht mehr unsere normalen Lebensfunktionen ausüben können. Es ist entscheidend, daß wir die Zeit nutzen, solange wir gesund sind und gut funktionieren. Wer weiß, was später geschehen wird?

Eine Anekdote aus dem Leben von Kabir Sahib beleuchtet diesen Aspekt: Als Kabir Benares besuchte, ging er täglich an einem Mann vorbei, der immer im Garten saß. Eines Tages sagte Kabir zu ihm: «Guter Herr, warum meditierst du nicht und schreitest spirituell voran, anstatt nur in deinem Garten zu sitzen und nichts zu tun?»

Der Mann erwiderte: «Ich habe Familie. Meine Kinder sind noch sehr klein, und ich kann jetzt nicht genug Zeit für die spirituellen Übungen finden. Doch werde ich spirituelle Übungen machen, wenn meine Kinder größer sind.»

Jahre später, nachdem die Kinder erwachsen waren, traf Kabir diesen Mann wieder. «Nachdem deine Kinder nun älter sind – findest du jetzt Zeit für die Meditation?»

Dieses Mal antwortete der Mann: «Ich verheirate gerade meine Kinder, damit sie unabhängig werden. Doch sobald sie verheiratet sind, werde ich meine spirituellen Übungen aufnehmen.»

Nach einigen Jahren traf Kabir Sahib den Mann wieder. Nochmals befragte er ihn über sein spirituelles Leben: «Deine Kinder sind verheiratet, hast du nun Zeit zu meditieren?»

«Meine Kinder haben nun selbst Kinder, und ich sorge dafür, daß meine Enkel erwachsen werden, eine gute Ausbildung erhalten und schließlich heiraten.»

Einige Jahre vergingen, und Kabir kam wieder, um festzustellen, daß der Mann gestorben war. Kabir Sahib schüttelte seinen Kopf und sagte: «Der arme Mann hat sein ganzes Leben im Glauben verbracht, daß er in der Zukunft Zeit für die Meditation finden werde, doch er starb, ohne seiner Seele Zeit gewidmet zu haben. Sein Gemüt verstrickte ihn immer mehr in dieser Welt, so daß er sich keine Zeit für seine eigenen Meditationen nahm.»

Wir wollen am Ende nicht so sein wie dieser Mann, der stets zu beschäftigt war, um nach Gott zu suchen, bis es dafür zu spät war. Wenn wir einen Kreis in drei Teile teilen und die Sektoren mit «körperliche Ziele», «intellektuelle Ziele» und «spirituelle Ziele» umschreiben, was stünde dann in diesen Bereichen?

Alle drei sind wichtig. Viele Menschen glauben, wenn sie spirituelle Ziele verfolgen, müßten sie alles andere aufgeben. Dies bezeichnete Sant Darshan Singh als «negative Mystik». Spiritualität kann ein Pfad sein, den er «positive Mystik» nannte. Das bedeutet, daß wir uns auch dann, wenn wir unsere spirituellen Ziele verfolgen, um die beiden anderen Aspekte unseres Lebens kümmern, um unser körperliches Dasein und unser intellektuelles Leben. Wir müssen nur zuerst Prioritäten setzen. Wir können ein ausgeglichenes Leben führen und dabei gleichzeitig die körperlichen, mentalen und spirituellen Ziele verfolgen.

Wenn wir beispielsweise Geld sparen wollen, ist es normalerweise so, daß wir zwar sparen wollen, dies jedoch unsere letzte Priorität ist. Wir bezahlen zuerst alle unsere Rechnungen, dann gehen wir die Liste unserer Bedürfnisse und Wünsche durch und denken, daß wir den Rest sparen werden. Doch leider stellen wir fest, daß kaum etwas übrig bleibt. Eine Woche nach der anderen vergeht, und kein Pfennig wandert auf unser Sparkonto.

Genauso verhält es sich bei unseren spirituellen Zielen. Wir nehmen uns vor zu meditieren, nachdem all unsere Aufgaben und Pflichten erfüllt sind. Doch was geschieht? Die Nacht bricht herein, der Schlaf übermannt uns, und ein weiterer Tag ist ohne Meditation vergangen.

Was erklären uns Vermögensberater, wenn wir Geld sparen wollen? Sie sagen, wir sollen sofort, wenn unser Gehalt auf dem Konto eintrifft, eine automatische Überweisung machen. Sie ziehen zuerst das zu sparende Geld ab, wie wenn es eine andere Rechnung wäre, die zu bezahlen ist. Auf diese Art und Weise zwingen wir uns zu sparen.

Eine ähnliche Methode müssen wir anwenden, wenn wir Schwierigkeiten haben, Zeit für die Meditation zu finden. Wir müssen unsere Meditationszeit gleich zu Beginn des Tages einsetzen. Dies sollte unsere erste Priorität sein, denn andernfalls kann es sein, daß Meditation auf der Liste unserer Prioritäten überhaupt nicht erscheint.

Zeit für die Meditation

Wenn wir unsere Seele entdecken wollen, müssen wir täglich einige Zeit in Meditation verbringen. Manche Schriften sprechen von zehn Prozent als mildtätiger Gabe. So können wir ein Zehntel unseres Tages für unsere Seele spenden.

Übung

Machen wir uns einen Zeitplan, bei dem wir uns täglich Zeit für die Meditation reserviert haben. Diese Zeit kann in mindestens einer Meditationssitzung bestehen oder in mehreren Sitzungen. Der Schlüssel zum Erfolg liegt darin, daß wir diese Zeit als heilig betrachten. Wir haben noch immer einundzwanzig oder zweiundzwanzig Stunden, die wir für andere Bereiche unseres Lebens einsetzen können. Sicherlich können wir uns also täglich Zeit für unsere spirituellen Übungen zugestehen. Wir dürfen nicht zulassen, daß irgend etwas anderes unserer heiligen Zeit dazwischen kommt.

Die meisten Menschen, die arbeiten, um ihren Lebensunterhalt zu verdienen, sind zeitlich eingeschränkt. Die Vierzigstunden-Woche bedeutet, daß wir an fünf Tagen in der Woche um fünf oder sechs Uhr am Morgen aufstehen müssen, eine Stunde brauchen, bis wir fertig sind, dann zur Arbeit fahren, dort rund acht Stunden plus eine Stunde Mittagspause verbringen. Dann brauchen wir wieder etwa eine Stunde für den Heimweg in der Hauptverkehrszeit, und zu Hause wieder eine Stunde zum Ausspannen und Abendessen. Damit haben wir bereits dreizehn Stunden unseres Tages für die Arbeit verbraucht. Falls wir sechs Stunden pro Nacht schlafen, bleiben uns noch fünf freie Stunden an fünf Tagen der Woche.

Wo sind nun diese fünf Stunden? Normalerweise entfallen sie auf den Abend, nachdem wir heimgekommen sind, bis wir uns zu Bett begeben. Es gibt mehrere Möglichkeiten, wie wir eine bis zwei Stunden täglich Zeit für die Meditation finden können. Wir können am Morgen meditieren, nachdem wir aufgestanden sind. Wir müssen vielleicht etwas früher aufstehen, doch dann können wir sicher gehen, daß wir der Meditation bereits eine Stunde gewidmet haben, bevor der Tag beginnt. Die andere Stunde muß dann am Abend kommen. Meditation ist ein gutes Mittel, um sich nach der Arbeit zu erholen. Manche wollen vielleicht vor dem Abendessen eine Stunde meditieren, andere eine Stunde, bevor sie zu Bett gehen. Andere bevorzugen die Stille in der Mitte der Nacht oder die frühen Morgenstunden, wenn alle anderen schlafen.

Wer Abend- oder Nachtschicht hat, kann diesen Zeitplan umkehren. Und dann, an Wochenenden oder freien Tagen, können wir leicht zwei bis zweieinhalb Stunden am Tag finden, um zu meditieren.

Es ist vielleicht zu Beginn schwer, sich an einen Tagesplan zu gewöhnen. Immer wenn wir versuchen, eine neue Gewohnheit zu bilden, rebelliert das Gemüt zunächst. Doch es ist wie bei der Ausbildung in irgendeinem Gebiet: Nach entsprechender Praxis kann man die Neigung des Gemüts, Gewohnheiten zu bilden, zum eigenen Vorteil ausnutzen. Das Gemüt wird sich so sehr daran gewöhnen, zu einer bestimmten Zeit zu meditieren, daß es rastlos wird, wenn wir diese Zeit auslassen. Wir müssen geduldig, aber fest entschlossen sein. Wenn wir einmal einen Zeitplan für uns erstellen, müssen wir auch die Stärke aufbringen, ihn einzuhalten. Schließlich wird die Gewohnheit zu unserer zweiten Natur, und wir werden feststellen, daß es leicht und natürlich ist, Zeit für die Meditation zu finden.

Zeit einsetzen, um Zeit zu gewinnen

Was uns zunächst Zeit zu nehmen scheint, kann uns langfristig Zeit sparen. Wie? Wir werden die Vorteile der Meditation in anderen Bereichen unseres Lebens erfahren. Meditation kann unseren Entspannungsgrad so erhöhen, daß wir weniger Schlaf brauchen. Je weniger Schlaf wir brauchen, desto mehr Zeit haben wir für uns zur Verfügung. Meditation erhöht auch unsere Konzentrationsfähigkeit. Das bedeutet, daß wir bei Aufgaben, die Konzentration erfordern, beispielsweise im Beruf oder beim Studium, effizienter und produktiver sind. Tatsächlich stellen wir fest, daß wir weniger lange arbeiten oder studieren, weil wir Aufgaben in kürzerer Zeit erfüllen können. Dadurch haben wir mehr Freizeit zur Verfügung, die wir früher zum Lernen oder Arbeiten verwendet haben.

Was können wir mit dieser außerplanmäßigen freien Zeit anfangen? Falls wir sie für die Meditation einsetzen, haben wir gewissermaßen einen Bonus auf unserem Bankkonto. Wir können unseren Fortschritt vergrößern. Wir können weiterhin weniger Schlaf verbrauchen und sogar noch effizienter werden. Wenn wir das Leben derer betrachten, die viel Zeit in Meditation verbringen, ist es oft erstaunlich, wieviel Arbeit sie bewältigen können.

Es gibt Menschen, die in ihrem Beruf ohne Mühe die Arbeit einiger anderer erledigen können oder die bei ihrer Arbeit so produktiv sind, daß man sich fragt, wie sie die Zeit finden, um all das zu tun. Sant Darshan Singh sagte oft: «Wenn man eine Arbeit erledigt haben will, zu wem soll man gehen? Die meisten denken, sie sollten zu dem gehen, der nichts zu tun hat. In Wahrheit sollte man sich aber die am meisten beschäftigte Person aussuchen. Der am meisten beschäftigte Mensch wird immer Zeit finden, um eine Aufgabe zu erledigen.»

Die folgende Erzählung, ein autobiographischer Bericht, aus dem Leben von Sant Kirpal Singh gibt uns ein Beispiel dafür, wie jemand, der meditiert, Zeit für viele Aufgaben im Leben finden und alle sehr gut erledigen kann:

«Zu Beginn fragte ich meinen Meister (Hazur Baba Sawan Singh), wieviel Zeit ich den spirituellen Übungen widmen sollte. Hazur wußte sehr wohl, daß ich im Regierungsdienst stand. Ich mußte acht Stunden arbeiten, und gleichzeitig hatte ich einen Haushalt mit meiner Frau, Krishna Wanti, und meinem Sohn Darshan. Obwohl er all das wußte, sagte er: ‹Setze mindestens fünf bis sechs Stunden täglich für die Meditation ein, und je mehr Zeit du erübrigen kannst, desto besser.› Was tat ich daher? Am Morgen meditierte ich von drei oder vier Uhr bis neun Uhr. Ich mußte es. Dann, um zwanzig nach Neun nahm ich mein Frühstück ein, weil ich anschließend in mein Büro mußte, wo ich um zehn Uhr erwartet wurde. Selbst der beschäftigste Mensch kann Zeit finden. Wo ein Wille ist, da ist ein Weg.»

Wenn wir das Leben von Menschen betrachten, die auf irgendeinem Gebiet Größe erlangt haben, stellen wir fest, daß sie ihr Ziel zu einer Priorität machten. Sei es auf dem Gebiet des Sports, der Künste, der Unterhaltung, im wissenschaftlichen Bereich oder im Geschäftsleben: Alle erfolgreichen Menschen setzen regelmäßig Zeit ein, um ihr Ziel zu erreichen. Genauso ist es im spirituellen Bereich. Wenn wir die Arbeit tun, regelmäßig Zeit einsetzen und Meditation zu einem Teil unseres Lebens machen, können auch wir erfolgreich sein. Das Füllhorn der spirituellen Segnungen kann in uns einfließen und alle Aspekte unseres Lebens bereichern.

15. Gleichzeitig nach innen und außen schauen

Sobald wir das Tor zu unserer Seele öffnen, können wir lernen, unser Leben in der inneren und der äußeren Welt in Einklang zu bringen. Unsere Seele zu erforschen, während wir unsere Aufgaben in der äußeren Welt erfüllen, ist eine Kunst, die jeder meistern kann.

Spiritualität bedeutet gelebte Liebe. Es bedeutet, unsere spirituellen Reichtümer zu genießen und sie mit allen zu teilen, denen wir begegnen. Wir können lernen, unsere spirituellen Übungen mit unseren weltlichen Verpflichtungen in Einklang zu bringen; wir erfreuen uns dann der spirituellen Früchte in uns und teilen unsere Geschenke mit der Menschheit.

Nach innen schauen

Nach innen zu schauen bedeutet, daß wir in einem Zustand innerer spiritueller Glückseligkeit sind. Wir sind uns der Verbundenheit unserer Seele mit Gott und allem Leben bewußt. Wir sind durch die Furchtlosigkeit gestärkt, die daraus entsteht, daß wir uns mit unserer Seele identifizieren. Wir leben im Wissen, daß wir unsterblich sind. So, wie ein Computerbildschirm mit dem Festspeicher verbunden ist und Daten daraus erhalten kann, sind wir mit einem ständigen Strom aus der Quelle aller Weisheit, bedingungsloser Liebe und Glückseligkeit verbunden und werden dadurch gespeist. Wir setzen jeden Tag eine bestimmte Zeit für die Meditation ein, doch auch wenn wir nicht meditieren, sind wir auf unsere Seele eingestellt. Im Verlauf des Tages, während wir unserer Arbeit nachgehen, strömt Glückseligkeit durch uns, haben wir Zugang zum inneren Wissen, stärkt uns Furchtlosigkeit und innere Kraft erhält uns, und wir sind in der Lage, auf der Basis spiritueller Werte zu handeln. Dieser Strom erhält uns ununterbrochen von innen her und bereichert jeden Augenblick unseres Lebens.

Grenzenlose Weisheit

Wenn wir nach innen schauen, gelangen wir zur Quelle der Weisheit, aus der alles äußere Wissen entspringt. Wir halten Weisheit vielleicht für einen Zustand, den jemand erreicht, der über den höchsten Universitätstitel verfügt oder der viele Erfahrungen des Lebens durchgemacht hat, doch all dies ist nur ein Wassertropfen im Ozean ewiger Weisheit. Falls wir alle Bücher, die jemals in dieser Welt geschrieben wurden, zusammennähmen und in einer Bücherei zusammen stellten, würden sie nicht mehr als eine Kinderfibel zum ewigen Wissen darstellen.

Die folgende Geschichte illustriert den Unterschied zwischen weltlichem Wissen und ewiger Weisheit. Dieses Ereignis fand statt, als der große Gelehrte Jalaluddin Rumi seinem Meister begegnete, dem Sufi-Heiligen Shamas von Täbris. Eines Tages, als Rumi am Rande eines seichten Teiches saß und in einigen sehr seltenen Manuskripten blätterte, ging Shamas von Täbris auf ihn zu. Er sah Rumi, den großen Professor, der in seinen Studien verloren war, und zeigte auf das Manuskript mit den Worten: «Was ist das?» Rumi betrachtete den zerzausten Besucher und erwiderte: «Das ist ein Wissen, das jenseits des Verständnisses eines Ungebildeten liegt.» Täbris nahm ihm das Buch aus der Hand und warf es in das Wasser. Der Professor war schockiert und schrie: «Ungehobelter Derwisch! Was hast du getan? Durch deine gedankenlose Handlung hat die Welt ein ganzes Schatzhaus an Wissen verloren!» Täbris griff zum Grund des Wassers hinunter und zog das Manuskript wieder heraus – trocken und unversehrt. Voller Stauen rief Rumi aus: «Was ist das?» Täbris lächelte und sagte: «Das ist ein Wissen, das aus Ekstase geboren wird, und es liegt jenseits des Verstehens eines Gebildeten.»

Das Verständnis unseres Verstands und Gemüts ist begrenzt; doch ist das Verstehen der Seele grenzenlos. Wenn wir nach innen blicken, können wir den Zustand der Allbewußtheit erreichen, in dem auch wir alles erfahren können, was es zu wissen gibt; und wir werden von innen her vom Wissen genährt, das aus der Ekstase geboren wird.

Unsterblichkeit

Durch Meditation können wir durch das Tor des Todes schreiten, um der Glückseligkeit und Schönheit zu begegnen, die uns im Jenseits erwarten. Der Tod hält nicht länger das Schwert der Angst über uns, denn bereits während unserer Lebenszeit können wir den Ort sehen, an den wir gehen werden, nachdem unser Körper seinen letzten Atemzug macht. Wir können endlich die wahre Bedeutung von Psalm 23 verstehen, wo es heißt: «Und ob ich schon wanderte im finstern Tal, fürchte ich kein Unglück; denn du bist bei mir.»

Heilige, die über diese Welt hinaus blickten, äußerten ihre Ansichten über den Tod. Er ist nichts, was man fürchten müßte, sagen sie, sondern etwas, was man willkommen heißt. Kabir Sahib sagte: «Der Tod, vor dem sich andere Menschen fürchten, ist für mich eine Quelle des Glücks. Nur durch den Tod erlange ich immerwährende Glückseligkeit.»

Die Hl. Theresa von Avila sprach über den Tod: «Ich sterbe nicht. Ich trete ins Leben ein.» Für erleuchtete Wesen bedeutet das Leben, wie wir es auf dieser Erde kennen, Schlaf. Wenn wir sterben und das Reich Gottes betreten, erwachen wir. Der Hl. Paulus sagte: «O Tod, wo ist dein Stachel? O Hölle, wo ist dein Sieg?»

Wir können einen Blick auf den Ort werfen, der jenseits der Tore des Lebens für uns bereitet ist. Nachdem wir nach innen geblickt haben, um ihn zu sehen, ist unsere Unsterblichkeit nicht mehr nur ein Glaube, sondern wird zu einer Überzeugung.

Furchtlosigkeit

Wenn wir nach innen schauen, können wir Furchtlosigkeit erlangen. Hinter vielen Ängsten liegt die Angst vor Verlusten, vor Schmerz und Tod. Wenn wir einmal innen gesehen haben, daß es keinen Tod gibt, was bleibt dann noch zu fürchten? Was haben wir zu fürchten, wenn wir die Verbindung unserer Seele mit Gott erkennen? Die Dinge, die für uns am wertvollsten sind, verursachen uns den größten Schmerz, wenn wir sie verlieren.

Sant Kirpal Singh sagte oft: «Wenn wir unser Geld verlieren, haben wir nichts verloren. Wenn wir unsere Gesundheit verlieren, haben wir etwas verloren. Doch wenn wir unseren Charakter verlieren, haben wir alles verloren.» Im Jenseits werden wir nach dem Adel unseres Charakters und unseren ethischen Tugenden gemessen. Geld nutzt uns dort nichts; Gesundheit ist überflüssig, da wir dort keinen physischen Körper besitzen. Nur der Charakter zählt im Jenseits.

Da sich die Seele in einem Zustand der Einheit mit dem Herrn befindet, fürchtet sie nichts. Sie hat nur Angst, von dieser Einheit nichts zu wissen. In Wahrheit besteht Sünde lediglich darin, die Wahrheit nicht zu kennen. Sünde bedeutet, über Gott und die Gesetze der Wahrheit und Liebe, die all die Universen beherrschen, nichts zu wissen. Es ist eine einfache Formel: Tugend bringt uns Gott näher, Sünde oder Übel entfernt uns von Gott. Falls wir auf dem Pfad der Rechtschaffenheit wandeln und die Gesetze der Gewaltlosigkeit, der Keuschheit, der Demut und des selbstlosen Dienens beachten und Zeit für unsere spirituellen Übungen, die Meditation, einsetzen, dann haben wir in dieser Welt und im Jenseits nichts zu fürchten.

Bedingungslose Liebe

Wenn wir unseren Blick nach innen wenden, schauen wir in die Augen bedingungsloser Liebe. Gott ist Liebe, und die Seele, da sie vom selben Wesen ist wie Gott, ist ebenfalls Liebe. Die beiden werden eins, und das Ergebnis ist ewige Glückseligkeit. Dies ist die erhabenste Form der Vereinigung, die göttlichste Art von Hochzeit. Eheliches Glück dieser Welt ist nur eine kleine Kostprobe von der wunderbaren Glückseligkeit der Einheit mit dem Herrn. Tulsi Sahib sagte:

Ich fand ewige Erfüllung,
denn ich bin mit dem Unsterblichen Herrn vermählt.

Diese Vereinigung transzendiert Zeit und Raum. Sie hat keinen Anfang, sie hat kein Ende, sondern fließt unaufhörlich. In solch einem Zustand baden wir für allezeit in dieser bedingungslosen Liebe in uns.

Verbundenheit

Wenn wir unseren wahren Zustand der Seele nicht kennen, fühlen wir uns vielleicht abgeschnitten und allein. Doch wenn wir unsere Seele in ihre ursprüngliche Kraft zurückversetzen, sind wir niemals allein. Wir sind uns unserer Verbundenheit mit Gott und der gesamten Schöpfung stets bewußt. Wir erkennen, daß wir einen ewigen Freund für immer an unserer Seite haben. Wenn wir dasselbe Licht, das in unserer Seele ist, in allen anderen Seelen sehen, erfahren wir Verbundenheit mit allen Lebensformen. Durch dieses Band der Einheit erkennen wir, daß alle Lebewesen Mitglieder unserer Familie sind, und das Leben wird eine einzige freudige Wiedervereinigung mit jedem, dem wir begegnen. Die Freude von Familientreffen erstreckt sich auf die gesamte Menschheit. Wenn wir in irgendein Land in der Welt reisen, fühlen wir uns zu Hause. Ganz gleich, wer bei der Mahlzeit neben uns sitzt, wir haben das Gefühl, mit unserer eigenen Familie zu speisen. Liebe durchdringt all unsere Handlungen, denn wir befinden uns im Kreis unserer universalen Familie und unserer Freunde.

Sant Darshan Singh schrieb in einem Vers:

Andere haben ihre Familie und Freunde verlassen,
doch ich mache selbst Fremde mir zu eigen.

Wenn wir uns auf die innere Reise begeben, können wir diesen Zustand erreichen und die gesamte Schöpfung als unsere Familie und alle Orte als unsere Heimat betrachten.

Glückseligkeit

Niemals endendes Glück wird uns zuteil, wenn wir nach innen gehen. Was ist das für ein Zustand? Der große Sufi-Heilige Shamas von Täbris gewährte uns Einblick in diesen Zustand:

Bitte, frage mich nicht nach meinem inneren Seinszustand. Meine Sinne, mein Intellekt und meine Seele sind berauscht, und sie haben die andauernde Glückseligkeit der Berauschung erlangt. Die Wurzeln dieses Baumes trinken den geheimen Wein der Liebe. Habe Geduld, denn eines Tages wirst auch du in die-

sen Zustand der Berauschtheit erwachen. In meinem Gemüt wird ein rauschendes Fest gefeiert. Spüre die Wirkung des Weins göttlicher Liebe, der selbst die Wände und Türen trunken macht.

Wenn wir in einen irdischen Geliebten verliebt sind, nimmt die ganze Welt die Farbe der Liebe an. Wir sehen alle Dinge als rosig und selig an. Ähnlich ist es, wenn wir von innen her von einem Zustand des Glücks erfüllt sind: Das färbt die Welt mit Glückseligkeit. Wir sehen dann Ekstase, wohin wir auch blicken.

Nach außen blicken

Während wir nach innen gehen müssen, um Gott zu finden, brauchen wir nicht introvertiert zu sein, wenn wir mit unseren Mitmenschen zu tun haben. Nach außen zu blicken bedeutet, daß wir uns auch auf unsere äußere Umgebung voll einstellen und uns aller Ereignisse bewußt sind. Wir können unsere Aufmerksamkeit hinlenken, wohin wir wollen. Mit zunehmender spiritueller Entwicklung wächst auch unsere Bewußtheit der Bedürfnisse anderer Menschen sowie Konzentrationsfähigkeit, Sensitivität und Mitgefühl. Je mehr wir nach innen gehen, desto mehr werden wir uns der Bedürfnisse unserer Mitmenschen bewußt. Ein Anzeichen für spirituelles Wachstum liegt darin, daß wir weniger von uns selbst eingenommen oder ichsüchtig sind, sondern daß wir mehr auf die ganze Menschheit bedacht sind und selbstlos dienen. Je mehr wir mit der Seele in uns in Verbindung stehen, desto größer sind unsere Liebe und unser Mitgefühl und desto mehr helfen wir den Mitmenschen.

Auf die Arbeit schauen

Jeder Aspekt des äußeren Lebens gewährt uns eine Möglichkeit, anderen Menschen zu helfen. Der Arbeitsplatz ist reich an solchen Situationen.

Viele Menschen im Management sind von ihrer Macht und ihrem Einfluß vereinnahmt. Doch wahre Macht bringt Verantwortung in sich. Je höher unsere Position, desto mehr Hilfe und Dienste müssen wir anderen in niedrigeren Positionen anbieten. Die folgende schöne Geschichte stammt aus dem Leben von Sant Darshan Singh.

> *Von einem meiner Vorgesetzten lernte ich viele wichtige Lektionen. Er sagte oft, daß die Pflicht der Macht darin liegt, zu beschützen. Als einmal das Personal unter ihm einen Fehler gemacht hatte, wollte sich einer seiner Direktoren der Verantwortung entziehen und erklärte, der Fehler sei nicht seiner Gruppe zuzurechnen. Mein Vorgesetzter erwiderte: «Das ist mein Direktionsbereich, und jeder Fehler ist mein Fehler. Selbst wenn ein Bürobote etwas falsch macht, ist es mein Fehler.» ... Bei jeder Arbeit passieren ab und zu Fehler, doch in meiner ganzen Berufslaufbahn versuchte ich immer nach dem Prinzip zu handeln, das ich von meinem Vorgesetzten gelernt hatte: «Die Pflicht der Macht ist, zu beschützen.» Ich ging davon aus, daß jeder Fehler, den einer meiner Nachgeordneten beging, mein Fehler war. Ich nahm die Schuld immer auf mich und gab auch selbst eine Erklärung ab. Da mir meine Vorgesetzten vertrauten, wurden meine Erklärungen gnädig angenommen, während meine Untergebenen sicher eine Strafe bekommen hätten.*
>
> (Liebe hat nur einen Anfang, S. 127 f.)

Auf den Planeten Erde schauen

Wenn wir unsere Seele erfahren, werden wir uns auch des Planeten Erde bewußter, und wir erkennen, was erforderlich ist, um ihn zu erhalten. Manche Menschen werden so einfühlsam, daß sie die Schmerzen der niedrigeren Lebewesen spüren können. Sie stehen im Einklang mit Tieren und Pflanzen, entwickeln Mitgefühl und kümmern sich auch um deren mißliche Lage.

Als Guru Har Rai, der siebte Guru der Sikhs, ein Junge war, trug er oft eine lange, weit fließende Robe. Eines Tages ritt er mit dem Pferd aus, um seinen Meister, Guru Har Gobind, zu besuchen. Als er am Haus seines Meisters angekommen war, sah er ihn im Garten. Voller Freude, ihn zu treffen, stieg Har Rai vom Pferd und rannte durch den Garten, um seinem Meister die Ehre zu erweisen. Bevor er bei seinem Meister ankam, setzte plötzlich ein Wind ein und wehte durch den Garten, und dadurch entfaltete sich sein Mantel und zerbrach einige Blumen. Har Rai hörte die Stengel krachen und hielt an. Er sah den Schaden, den sein Mantel den Pflanzen angerichtet hatte, und dies schmerzte ihn so sehr, daß er sich hinsetzte und zu weinen begann. Ein anderer Schüler, der das Geschehen beobachtet hatte, erzählte es Guru Har Gobind. Dieser erhob sich, ging zu Har Rai hinüber und fragte: «Warum weinst du?» Har Rai erklärte: «Die armen Blumen erleiden Schmerz, weil ich sorglos war.» Guru Har Gobind hatte ebenfalls ein großes Einfühlungsvermögen für den Schmerz der anderen, auch der Pflanzen, und verstand Har Rais Verzweiflung. Er war erfreut, daß sein Schüler diesen Grad an Einfühlsamkeit entwickelt hatte. Dann wies ihn Guru Har Gobind an: «Du kannst diese weiten Mäntel weiterhin tragen, doch von nun an sollst du sicherstellen, daß du sie dir beim Gehen zusammenhältst. Es ist die Aufgabe der Diener Gottes, sich um alle Lebensformen zu kümmern.» Danach befolgte Har Rai den Ratschlag und hielt seinen Mantel immer eng zusammen, damit er keine Pflanzen, Insekten oder andere Lebewesen verletzte.

Leonardo da Vinci war Vegetarier. Er hatte eine große Liebe für Tiere, besonders für Vögel. Er studierte die Vögel beim Flug und entwarf nach seinen Beobachtungen sogar eine Flugmaschine, Jahrhunderte bevor sie Wirklichkeit wurde. Er konnte den Anblick von Vögeln, die in einem Käfig gefangen waren, nicht ertragen. Jedesmal, wenn er einen Vogel im Käfig sah, kaufte er den Vogel seinem Besitzer ab und ließ ihn dann frei.

Wenn wir die äußere Welt durch die Augen unserer Seele betrachten, sehen wir das Licht Gottes sogar in Pflanzen und Tieren erstrahlen, und wir beginnen, ein Leben zu führen, in dem wir alle Lebewesen am Leben erhalten. Wir geben mehr und sind achtsamer, wenn wir mit anderen Menschen und allen Formen von Leben zu tun haben.

Gleichzeitig nach innen und außen schauen

Wenn wir das Leben der Heiligen und Mystiker untersuchen, stellen wir fest, daß sie ihr Leben damit verbracht haben, anderen zu helfen. Sie gleichen einem Schwan, der im Wasser lebt, aber mit trockenen Schwingen fliegt. Während sie immer mit dem Schöpfer im Einklang sind, leben sie dennoch inmitten der anderen und nehmen voll am Leben teil.

Der christliche Mystiker Johann Ruysbroeck sagte, daß «der Mensch, der wahrlich nach innen geht, hinaus fließen soll an alle gleichermaßen». Die Hl. Katharina von Genua, die im fünfzehnten Jahrhundert geboren wurde, hatte eine mystische Erfahrung, bei der sie in einen Zustand reiner und reinigender Liebe zu Gott versetzt wurde. Ihren mystischen Offenbarungen folgte ein Leben des selbstlosen Dienstes für andere. Sie begann, den Kranken und Armen zu helfen. Im Alter von dreißig Jahren gründete sie das erste Krankenhaus in Genua. In den nächsten zweiundzwanzig Jahren lebte sie in einem Zustand beständiger Bewußtheit in der göttlichen Gegenwart des Herrn, der sie mit Freude, Liebe und Glückseligkeit erfüllte. Doch während sie beständige Ekstase erfuhr, führte sie weiterhin das Krankenhaus. Sie war bei ihren Aufgaben pünktlich und effizient und ließ sich durch ihre spirituelle Vertiefung niemals davon abhalten, ihre weltlichen Pflichten zu erfüllen. Als Genua von einer Seuche heimgesucht wurde, bildete sie eine Gruppe, um die Opfer zu versorgen. In einem Gespräch mit Gott sagte sie einmal: «Du hast mich geheißen, meinen Nächsten zu lieben, doch ich kann niemanden lieben außer dir.» Gott erklärte ihr: «Wer mich liebt, liebt auch alles, was ich liebe.» So ließ sie ihre Liebe zu Gott durch eine Liebe für ihre Mitmenschen und alle Lebewesen einschließlich der Pflanzen und Tiere fließen. Man sagte über sie: «Wenn ein Tier getötet oder ein Baum gefällt wurde, konnte sie es kaum ertragen mitanzusehen, wie dieses Wesen das Leben verlor, das ihm Gott geschenkt hatte.»

In den vier Stufen der brennenden Liebe beschreibt der Hl. Richard von Victor die Stufen der Verlobung, der Hochzeit, des Ehelebens und der Fruchtbarkeit der Seele.

Auf der Stufe der Verlobung dürstet die Seele nach Gott. Sie hat eine vorherrschende Leidenschaft, die höhere Wahrheit zu erfahren. Die Seele ist vom Geist Gottes berührt und badet in Süße. Dies ist die Stufe des Erwachens der Seele.

Auf der zweiten Stufe brennt die Seele vor Sehnsucht nach Gott und wird zur Braut des Herrn. Die Seele erhebt sich, sieht die Sonne der Rechtschaffenheit und gibt Gott das Eheversprechen.

Auf der dritten Stufe erfährt die Seele Vereinigung mit Gott. Die Seele ist in Kommunion mit Gott, sie ist vollkommen auf Gott konzentriert und vom göttlichen Licht ergriffen.

Auf der vierten Stufe der brennenden Liebe finden wir den höchsten Ausdruck im Leben eines wahren Mystikers: den eigenen spirituellen Reichtum mit der Menschheit zu teilen. Die Vereinigung der Seele mit Gott ist nicht ohne Kinder. Die Seele übernimmt die Verantwortungen, Pflichten und Schmerzen der Elternschaft, um Kinder hervorzubringen. Die Kinder in diesem Sinne sind gute, edle Werke in der Welt, die der Menschheit helfen. Die erwachten Seelen werden Zentren spiritueller Energie und sind bewußte Mitarbeiter am göttlichen Plan. Sie leben ihr ganzes Leben hindurch, indem sie spirituelle Liebe an alle verbreiten, denen sie begegnen, und indem sie andere durch ihr Beispiel inspirieren und erheben.

Auch wir können diesen Zustand erreichen. Wenn wir täglich Zeit in Meditation verbringen, können wir die Kraft der Seele entdecken und unser Leben mit Weisheit, Unsterblichkeit, Furchtlosigkeit, Liebe, Verbundenheit und Glückseligkeit bereichern.

Anhang

Kontaktadressen

Liebe Leser, liebe Leserin

Wenn Sie Rajinder Singh, Autor der Bücher «Heilende Meditation» und «Kraft der Seele» persönlich kennenlernen wollen, in einem der Zentren meditieren oder an Vorträgen und Seminaren teilnehmen möchten, wenden Sie sich bitte an eine der folgenden Kontaktadressen:

Indien: Sant Rajinder Singh, Kirpal Ashram, Sant Kirpal Singh Marg, Vijay Nagar, Delhi-9, India, Tel. (0091-11) 7222244, Fax 721 40 40

USA: Science of Spirituality Center, 4S. 175 Naperville Rd., USA-Naperville, IL 60563, Tel. (001-630) 9551 200, Fax 9551 205

D: Wissenschaft der Spiritualität e.V., Jägerberg 21, D-82335 Berg, Tel. (08151) 50449, Fax 953345

A: Herbert Wasenegger, Mautner Markhofgasse 13-15/5/3, A-1110 Wien, Tel. & Fax (01) 7491 871

CH: Angela Seiler, Tödistrasse 20, CH-8002 Zürich, Tel. (01) 2022372, Fax 2022302

NL: Hans Hennissen, Paltrokmolen 49, NL-6003 CT Weert, Tel. (0495) 536323

EU: Meditationszentrum, Schleißheimer Straße 22/24, D-80333 München, Tel. (089) 5421 2065, Fax 5421 2066

Bücher und Videos: SK Publikationen, Ludwigstraße 3, D-95028 Hof/Saale, Tel. (09281) 87412, Fax 142663

Audios: Erich & Gelinde Rossmann, Schiefersee 10, D-71364 Winnenden, Tel. (07195) 61531

Zum Autor

Rajinder Singh ist Wissenschaftler und Mystiker, Friedensarbeiter und Meditationsmeister. Er wuchs in einer Familie von Heiligen auf: Sant Kirpal Singh und Sant Darshan Singh, die vorlebten, wie man ein liebevolles und verantwortungsvolles Leben in der Welt mit Spiritualität verbinden kann.

Nach einer Ausbildung in Ingenieurwesen und Computerwissenschaften in Indien und den USA arbeitete er viele Jahre an einem bedeutenden amerikanischen Forschungsinstitut. Mit seinem Team erhielt er zahlreiche Auszeichnungen und Patente. Nach dem Fortgang von Sant Darshan Singh wurde er mit der Leitung der «Wissenschaft der Spiritualität» betraut. Diese weltweit tätige Organisation mit über tausend Ortszentren widmet sich der Arbeit für Frieden und Einheit unter den Menschen und der sozialen sowie kulturellen Entwicklung. Grundlage ist eine einfache Meditationsmethode, die dem einzelnen zeigt, wie er Seelenbewußtsein und Gotterfahrung in diesem Leben machen und so auch das Göttliche in allen anderen Lebewesen entdecken kann.

Er war Hauptredner bei zahlreichen internationalen Konferenzen, so beim «Weltparlament der Religionen» 1993 in Chicago, bei der «Weltfriedenskonferenz» in Delhi 1994, bei der Jubiläumsfeier für das 50jährige Bestehen der Vereinten Nationen 1995 in New York, beim «Weltfriedensmarsch» in Delhi 1996. Rajinder Singh ist Präsident der «Weltgemeinschaft der Religionen», er ist Leiter der «Konferenz zur Einheit der Menschen» und der «Konferenz über Mystik». Er erhielt zahlreiche internationale Auszeichnungen für seine Arbeit für den Weltfrieden und für die Verbesserung der Bildungschancen. Er hat 15 Schulen in Indien gegründet und die kolumbianische Regierung in Fragen des Erziehungswesens beraten. Er trifft mit Persönlichkeiten des öffentlichen Lebens zusammen, um die Verständigung unter den Menschen zu fördern, so mit Papst Johannes Paul II. und dem Dalai Lama, mit dem Generalsekretär der Vereinten Nationen und zahlreichen anderen Persönlichkeiten des öffentlichen Lebens. Bei seinen vielen Reden gibt er unentgeltlich Einweihungen in die spirituelle Meditation.

Rajinder Singh ist verheiratet und hat mit seiner Frau Rita zwei Kinder. Er verdient seinen Lebensunterhalt selbst und nimmt keinerlei Spenden an.

Foto: Rajinder Singh 19.3.1999 in Radolfszell
Fotograf: Christian Schramm